이 사람을 보라

간행사

여기 사람이 있습니다. 이 사람은 평생을 게으르지 않고 열심히 살았습니다. 게으르지 않고 열심히 사는 삶은 위대한 깨달음의 세계에 이른 붓다께서 남긴 마지막 말씀과 똑같습니다. 수행자가 아닌 누구라도 마찬가지입니다. 이렇게 사는 게 인간 삶의 바른 길입니다.

이 사람은 온갖 어려움과 힘든 세월을 견디고 돌파하면서 자기 분야의 최고가 되었습니다. 스스로는 물론 이웃을 위해 열심히 살았고 먼 후대의 사람들을 위해서도 보람된 삶을 살았으니, 성자와 현인과 대보살을 어찌 다른 곳에서 찾겠습니까.

이 사람이 혼신의 힘을 다해 살아가는 동안 우리는 조금씩 발전했지만 이 사람이 가고 난 뒤에 우리는 훨씬 더 먼 길을 걸어갈 수 있게 되었습니다. 모두가 이 사람 덕분입니다. 그 고귀한 삶을 기록하고 정리해 나가는 일은 우리 후학들의 자랑이요 의무이기도 합니다.

　이 사람은 한 사람이 아닙니다. 한 사람 한 사람이 모여 우리가 되었으니 우리 모두가 이 사람입니다. 이 사람의 정신과 이 사람의 행동과 이 사람의 피와 눈물이 우리들 모두가 되었습니다. 그래서 이 사람은 역사 속에서 기억되는 존재가 아니라 지금 이 순간 우리와 함께 살아가는 영원의 길벗입니다. 우리는 이 사람을 통해서 순간이 영원이 되는 삶을 살아갑니다.

　기릴 만한 선배가 있는 사회는 아름답고 건강합니다. 칭찬하고 격려하고 본받고 기리는 일이 어찌 지혜롭고 건강한 사회의 본분사가 아니겠습니까. 열 가지의 나쁜 일은 가려서 하지 않고 열 가지의 좋은 일만 골라서 한다면 역사상의 어떤 태평성대보다 좋은 세상이 될 것입니다.

　이 책은 좋은 마음과 착한 행동을 위한 우리 사회의 길잡이가 되고자 합니다. 한 사람 한 사람의 걸어간 발자국이 우리를 감화시켜서 보다 나은 세상으로 나아가는 데 도움이 될 수 있기를 바랍니다.

2023년 8월
동국대학교 총장 윤재웅
동국대학교 총동창회장 문선배

"진실로 제자를 사랑하고 역사를 공부하며 또 나랏일을 걱정하는 선생님이셨다."

工夫時間表
自癸卯七月二日為始

月	7													
陽日	2	3	4	5	6	7	8	9	10	11	12	13	14	15
陰日	三	四	五	六	七	八	九	十	十一	十二	十三	十四	十五	十六
曜日								日暑						月
時數	六	一	二	八	五	七	七	五	八	五	五	六	五	二
						22,000								50

月														
陽日	16	17	18	19	20	21	22	23	24	25	26	27	28	29
陰日	十七	十八	十九	二十	廿一	廿二	廿三	廿四	廿五	廿六	廿七	廿八	八	九
曜日	汝	黎明	矍鑠 定甲		立秋		大暑						炭	日
時數	六	六	三	五	五	六	七	七	三	二	八	五	五	九
								23,000						

月	7			8										
陽日	30	31	1	2	3	4	5	6	7	8	9	10	11	
陰日	十	十一	十二	十三	十四	十五	十六	十七	十八	十九	二十	廿一	廿二	
曜日				日					義				日	
時數	二	三		二	三	六	一	五	六	五	五	七	五	
									50					

月	8													
陽日	12	13	14	15	16	17	18	19	20	21	22	23	24	25

"해박한 한학의 기초 위에
불자로서 신념을 지닌 실증 사학자"

| 大東青史 | 朝鮮新史 | 黃義敦著 新編朝鮮歷史 京城以文堂發行 | 黃義敦著 增訂 中等朝鮮歷史 京城三中堂發行 |

"자주적 역사 서술을 한
사학계의 태두"

"역사와 불교의 선을 접목한
근대 사학의 개척자"

이 사람을 보라

역사와 선을 접목한
사학자 황의돈

황인규 지음

목차

프롤로그　　　　　　　　　　　　　　　　　　　　　　　16

1장　황윤길과 황즙이 경인통신사로 일본을 다녀오다　　　21
2장　황즙과 황정직이 서천에 정착하다　　　　　　　　　26
3장　서천에서 태어나 보령에서 한학을 배우다　　　　　　32
4장　만주 명동학교, 평양 대성학교에서 가르치다　　　　　38
5장　우리나라 최초의 근대 역사교과서 『대동청사』를 저술하다　46
6장　휘문학교에서 역사를 가르치고 보령에서 청년운동을 하다　53
7장　보성학교, 중동학교에서 역사를 가르치다　　　　　　60
8장　우리나라 최초로 저작권 소송을 제기하다　　　　　　70
9장　『신편조선역사』와 『중등조선역사』를 편찬하다　　　　78
10장　중등학교 교사로서 초기 문화사학을 개척하다　　　　84
11장　일제강점기 조선불교 발전을 위해 노력하다　　　　　94
12장　언론계 향토문화조사사업에 참여하여 문화유산을 정립하다　103
13장　장서가, 판본학자로서 고서를 모으고 연구하다　　　115
14장　오대산에 입산하여 방한암 선사 아래서 선을 수행하다　125

15장 미군정기 문교부 편수사업에 참여하여 국사교육의 틀을 잡다   131

16장 충무공 이순신 영정과 서울시 새 가로명을 제정하다   138

17장 이범석의 족청 임원과 김구의 건국실천양성소 강사를 하다   144

18장 부산 범어사 금어선원 하동산 선사를 찾아 선을 수행하다   151

19장 애국가 작사자설과 안창호 망명자금설을 논쟁하다   159

20장 동국대 사학과에서 한국 역사학을 가르치다   169

21장 조계종 불교정화와 전국신도회를 주도하다   180

22장 해원거사, 1만 8천여 시간 참선 생활을 하다   188

23장 역사학계의 큰 별 해원 황의돈 선생 가시다   199

24장 역사와 선을 접목한 사학자, 해원거사 황의돈   208

    닫는 말   215

    부록   221

    에필로그   264

프롤로그

　해원 황의돈은 한국 근현대 시기 사학자이자 역사교육학자로서 역사와 불교 선학을 접목시킨 인물이다. 특히 1909년『대동청사』를 집필하면서,『독사신론』을 쓴 단재 신채호와 더불어 근대 역사학의 개척자로 인정받았다. 그는 일제강점기였던 1920년대에『신편조선역사』와『중등조선역사』 등의 역사서를 편찬하고, 신문과 잡지 등에 한국사에 기반한 자주적 역사를 서술하는 등 사학계의 태두로도 평가받는다.
　또한 중등학교 역사교사로 30여 년간 재직하였으며 해방 후에는 동국대를 비롯한 여러 대학 강단에서 역사교육을 주도한 선각자이기도 하다.
　특히 황의돈은 동국대에 10여 년간 재직하면서 동

국사학의 초석을 닦아, 동빈 김상기(1901~1977, 전 서울대 총장), 남계 조좌호(1917~1991, 전 성균관대 총장), 소천 이헌구(1905~1982), 원당 심우준(1925~2005, 전 중앙대 교수), 하정 안계현(1927~1981), 하석 김창수(1931~2017, 김상옥 열사 조카) 등의 교수들과 경주 신라문화재의 보존을 위해 애쓴 석당 최남주(1905~1980), 원용석(1906~1989, 전 농림부장관), 정철수(1908~1954, 전 외무부 정무국장), 진종휘(1913~2007, 전 카톨릭대 명예교수) 등에게 큰 영향을 주었다. 뿐만 아니라 황의돈은 일제강점기 조선불교조계종 초대 종정인 방한암方漢巖(1876~1951)스님과 해방 후 불교정화운동을 이끌며 대한불교조계종 종정을 지낸 하동산河東山(1890~1965)스님 등에게 사사 받고 역사학과 선학의 접목을 처음으로 시도하였다.

한국 불교사학은 퇴경 권상로와 상허 이능화가 초석을 쌓은 이래 효성 조명기가 그 틀을 정리했으며 다시 불교학의 왕봉 김영태, 사학의 하정 안계현으로 계승된다. 해원 황의돈과 조명기의 제자이기도 한 안계현이 그 전통을 물려받았으니, 근대 불교사학의 전통은 권상로와 이능화에서 조명기를 거쳐 안계현과 고익진, 김영태 교수에 이르는 것이다. 필자는 안계현 교수를 추념하는 서론에서 "어렸을 때

부친과 함께 장수 황씨의 시제에 참석한 적이 있었다. 황희의 장남 호안공의 묘 근처에 황의돈의 묘와 비석이 있었다. 당시 집안 어른이자 서예가였던 동국대 배길기 교수를 통해 그 분이 동국대 사학과 교수를 역임한 해원 황의돈이라는 것을 알았다. 필자는 그런 인연으로 동국대에서 역사학을 전공하게 되었다."라고 언급한 바 있다.[1] 필자와 황의돈은 족친 사이로 동국사학의 맥을 함께 이어가는 셈이다. 이런 인연으로 이 책의 출간이 1만 8천여 시간 수행에 매진하며 불교와 역사의 조화를 이루고 역사학과 선학을 접목하고자 했던 황의돈의 정신을 알릴 수 있는 좋은 기회라고 생각한다.

그동안 황의돈에 대한 연구는 그의 제자인 안계현과 김창수, 심우준 교수에 의하여 생애와 저서를 중심으로 언급되었다.[2] 1985년 박영석 교수의 학술적인 천착 이래 심승구 교수가 계승하였고, 2014년 이후 박종린과 박인호 교수 등의 역사서 및 역사교육 관련 논문이 발표되었다.[3] 하지만 황의돈의 생애와 활동 전체를 다룬 단행본은 나오지 않았다. 무엇보다 일제에 저항한 지식인으로서 국가와 민족을 위해 펼쳤던 문화사학자로서의 위상과 해방 후 건국 사업과 역사교육에 투신한 그의 업적이 제대로 평가받지 못하고 있어서 아쉽기 그지없다.

　　황의돈은 대부분의 생애를 역사서 및 교과서 저술, 역사교육에 전념한 역사가이자 역사교육자였다. 중등학교와 대학에서 40여 년을 오롯이 역사교육에 매진했으며, 동시에 불교 수행을 통해 역사학과 선불교의 접목을 시도했다. 특히 인도의 시성 라빈드라나트 타고르(1861~1941)의 영향을 받아 "무한의 생명관을 실현하자."는 주장도 펼쳤다.

　　이 책은 '역사와 선을 접목한 동국대 교수-해원 황의돈의 역사교육과 불교사학'이라는 큰 주제로 황의돈을 조명했다. 이를 위해 그의 가계, 출생, 수학을 포함 한 1960년대 중반 무렵까지의 개괄적인 삶의 궤적을 살펴보았다. 이를 통해 그동안 불필요하게 받아 온 오해를 불식시키는 계기가 되길 바라는 마음도 크다. 해원 황의돈은 충청남도 서천군 문산면 출신인데 그동안 서천군 마산면 출신 친일 인물 황의돈과 혼동되면서 일부 연구자들로부터 친일 행적에 대한 의심과 오해를 받아왔다. 이 책은 황의돈의 생애를 올바르게 정립하기 위한 시작에 불과하며, 향후 황의돈이 개척한 역사교육과 불교사학 연구에 진척이 있기를 간절히 바라마지 않는다.

1장
황윤길과 황즙이 경인통신사로 일본을 다녀오다

　　황의돈은 방촌 황희의 6세손 송재松齋 황즙黃葺(1560~1613)의 후손이다. 황희는 조선 최고의 청백리로 알려진 인물로, 56년의 관직 생활 기간 중 24년을 재상직에 있었으며 70세인 1432년부터 87세가 되는 1449년까지 18년간이나 영의정에 있었다.

　　황희는 세 아들을 두었는데, 장남이 황치신이고 치신의 아들은 좌승지에 추증된 사경事敬이다. 사경의 아들 응應은 네 아들을 두었으니 윤관, 윤굉, 윤용, 윤탕尹宕이다. 이 중 윤탕이 황의돈

황희의 초상화

의 직계 조상이다. 윤탕(1539~1585)의 배우자는 강아지와 새 그림으로 뛰어났던 두성령杜城令 이암李巖(1499~?)의 딸이며 임영대군臨瀛大君 이구李璆의 증손녀이다. 황윤탕의 아들은 황즙(1560~1613)으로, 그의 죽마고우[1]인 이호민李好閔 (1553~1634)은 송재 황즙의 비문을 통하여 그의 유년 시절에 대하여 이렇게 적고 있다.

내가 한성의 반송방盤松坊에 대대로 살았다. 황군은 가까운 이웃에서 책상자를 메고 놀았다. 나이는 나보다 7세 어려서 늘 날 따랐다. 그는 부모를 일찍이 여의고 당숙 황참판 송당松堂의 집에서 자랐다.[2]

비문에 따르면 황즙은 6세에 부친 황윤탕을, 17세에는 모친을 여의고 당숙 송당松堂 황윤길黃允吉의 보호를 받으며 한성 반송방*에서 성장하였다.[3]

황윤길 묘(경기도 고양시 덕양구 지축동)

황윤길(1536~1592)은 1590년 통신정사通信正使

*지금의 서대문 밖

로 선임되어 부사副使 김성일, 서장관書狀官 허성, 사자관寫字官 이해룡과 함께 200여 명의 수행원을 거느리고 쓰시마를 거쳐 오사카로 가서 관백關伯 도요토미 히데요시豐臣秀吉(1537~1598)를 만나고 이듬해 3월 귀국하였다. 이것이 우리 역사에 잘 알려진 경인통신사庚寅通信使이다.[4] 경인년(1590)에 황윤길이 일본으로 갈 때 그의 당질 황즙은 "나를 키워주었으니 죽고 사는 데 의리가 있어야 한다."[5]고 하면서 황윤길의 재당질 무민공 황진黃進(1550~1593) 등과 함께 통신사를 수행하였던 것이다. 귀국 후 정사 황윤길과 부사 김성일의 정세 보고는 정반대였다.

> 황윤길이 그간의 실정과 형세를 급히 아뢰었다. "필시 병화兵禍가 있을 것이다."라고 하였다. 임금이 불러 다시 물었는데 황윤길은 전날의 내용과 같은 의견을 아뢰었다. 김성일金誠一이 아뢰었다. "그러한 상황은 발견하지 못하였는데 황윤길이 장황하게 아뢰어 인심이 동요할까 매우 어긋납니다." 임금이 물었다. "도요토미 히데요시豐臣秀吉가 어떻게 생겼던가?" 하니, 황윤길이 아뢰기를 "눈빛이 반짝반짝하여 담과 지략이 있는 사람인 듯하였습니다."하고, 김성일은 아뢰기를 "그의

눈은 쥐와 같아서 두려워할 위인이 못 됩니다." 이는 김성일이 일본에 갔을 때 황윤길 등이 겁에 질려 체모를 잃은 것에 분개하여 말마다 이렇게 서로 다르게 말한 것이었다.[6]

황윤길은 서인이고, 김성일은 동인이었기 때문에 각각 자신의 붕당을 비호하여 의논이 분분하였다.[7] 황윤길은 일본의 침략 의도가 명백하다는 판단으로, 자신에게 쏟아질 비난을 무릅쓰고 사정을 그대로 보고했다. 동인 소속이던 허성도 서인인 황윤길과 의견을 같이하였다. 그러나 선조는 정국의 불안을 일으킨다는 책임을 물어 황윤길의 관직을 삭탈하고 허성을 처벌했으며, 김성일은 오히려 통정대부 성균관 대사성에 승진시켰다.

이후 임진왜란이 발발하자 선조는 이 일을 후회하고 특별히 황윤길을 병조판서에 임명하였으나 부임치 못하고 별세하였다.[8] 매천 황현의 조상인 황진도 돌아올 때 두 자루의 칼을 가지고 와 일본군이 침략해오면 쓰겠다고 하였다. 황진의 형 황적黃迪(1541~1591)은 왜적의 침입에 대비하지 않는 자를 군주를 속이는 죄로 처할 것을 진언했지만, 이로 인해 오히려 전주 감옥에 수감되었다가 화병으로 죽었다.[9]

훗날 황의돈은 「신편조선역사」에서 '유성룡, 이산해 등 당시에 득세한 동인배가 김성일의 편을 들어 군사 시설을 모두 부수고, 조정의 모든 대신들이 마음을 놓아 태평한 꿈에 취하여 드러누웠다.'라고 적었다. 즉, 임진왜란의 대책 부실에 대한 책임이 김성일에게 있다는 지적이다.

이에 대하여 한 정치사학자는 "역사적 인물의 행적은 그의 진심과 동기를 이해하는 데에서 비롯해야 하며, 그의 진심은 그가 마지막 생애를 어떻게 마쳤는가에 따라 평가되어야 한다. 김성일이 신중한 애국자이고 충신이었으며 의롭지 않게 거짓말을 할 사람은 아니었다. 김성일은 문중 사학의 희생자였다."[10]라고 하였다. 과연 이렇게 보는 것이 올바른 역사 인식일까?

2장
황즙과 황정직이
서천에 정착하다

　　황즙黃茸은 어려서 부모를 모두 여의었다. 여섯살 때 아버지 황윤탕이 죽고 열일곱살 때 어머니 이씨마저 죽었다. 황즙은 당숙 황윤길이 거두어 키웠으며 황윤길을 아버지처럼 여겼다. 1592년 봄에 황윤길이 죽자 시신을 수습하여 경기도 고양시 지축동의 선산에 안장하였다. 기록에 의하면 '임진년(1592) 봄에 죽었는데 왜적이 침입해 와서 미처 장사를 지내지 못하였다. 경황 중에 그가 관과 의복을 준비하여 사잇길로 몰래 가서 장사를 지냈고 3년간 제사를 지냈다.'[1]고 한다. 황윤길이 임진왜란 발발 이전인 1592년 봄에 죽었음을 알 수 있다.[2]

　　황즙은 난을 피하여 그의 처가인 풍천임씨가 자리 잡고 있던 충남 서천군 비인현 저동으로 이사를 갔다. 오늘

날 서천군 판교면 저산리(모시울)다. 집을 비인현의 경치가 좋은 산수 사이에 짓고 송재松齋, 칠우당七友堂이라고 하였다.[3]

황즙은 정유재란 때에 총관사總管使 월탄月灘 한효순韓孝順(1543~1621)의 요구에 곡식 600석을 전라도 순천에 바쳤다. 또 광해군 때에는 충청도 순찰사 낙서洛西 장만張晚(1566~1629)의 청에 따라 경복궁을 중건하는데 필요한 철근 4,000근을 바쳤다. 이에 황즙은 예빈시 직장을 거쳐 좌승지 겸 경연 참찬관에 추증되었다.[4]

송재 황즙 묘(충청남도 보령시 웅천읍 대창리)

황의돈은 윤탕 이후 보령파 황씨 조상들을 추념하기 위해 6세손인 황즙과 그의 아버지 황윤탕, 그의 아들 황정직과 그들의 후손인 황유손 등의 비문을 남겨 추념하고 있다.[5] 보령 황씨가 보령에 정착한 시기와 계보도를 제시하면 다음과 같다.

1세 황희黃喜
2세 황치신黃致身
3세 황사경黃事敬
4세 황응黃應(군수공계)
5세 황윤탕黃允宕
6세 황즙黃葺 ➡ (서천군) 비인현 저동 입향조
7세 황정직黃廷直 ➡ (보령시) 남포현 광암 입향조
8세 황대명黃大鳴
9세 황유손黃有孫
10세 황만증黃晚曾

황즙이 서천군 비인현 저동에 가서 자리 잡은 뒤 아들 정직이 보령 남포현 광암으로 이주하였다.[6]

황즙의 외아들 황정직黃廷直(1581~1657)은 아버지가 돌아가시자 묘를 선영인 경기도 고양군 덕수리로

황즙 저동 입향 사적비(충남 보령)

정하고 운구하려고 하였다. 그런데 그것도 여의치 않았고 2개월 후에 부인마저 사망하자 고심 끝에 아버지와 부인의 시신을 남포현 벽동(현재 웅천읍 대창리)에 모셨다. 그리고 선산을 돌보기 위해 어머니 임씨를 모시고 비인현 저동을 떠나 남포현 광암(현재 웅천읍 황교리)에 정착한 후 집을 짓고 어머니를 봉양하였다. 이때가 1616~1622년 사이였다.[7]

황정직은 향리의 추천으로 사포서司圃署 별제別提로 제수되었는데 나아가지 않았다. 왕이 그 효행을 가상하게 여겨 정려旌閭와 공조참의 벼슬을 내리니, 이에 만년에 기쁜 맘으로 즐거워하였으며, 호를 쌍벽雙碧이라 하였다.[8] 1654년(효종5) 7월 안홍중安弘重(1586~?)이 지은 「추원사기追遠寺

記」에 의하면, 황정직은 1613년(광해5)에 부친상을 당하고 두 달 후인 2월에 부인을 잃었는데 장지를 구하지 못하던 중, 덕해德海스님의 도움으로 장지를 구한 뒤 그 한 켠에 작은 사찰을 짓기 시작하였다. 그리고 1634년(인조12) 10월, 철묵哲黙과 신청信淸스님이 그 절을 중창하였다고 한다.[9]

황대명黃大鳴(1601~1667)은 1643년(인조21) 10월에 경기전慶基殿 참봉參奉에 올랐고 1646년에 평시서平市署 봉사奉事가 되었다.[10] 그 후 황유손(1625~1674)[11]-황만증(1625~1639)[12]-황이원(1672~1740)-황종원(1709~1782)-황혁(1742~1816)-황상익(1760~1802)-황섭(1796~1847)-황재곤(1816~1847)-황태현(1833~1885)-황기주(1865~1928)-황의돈에 이르고 있다.

매천 황현과 그의 동생 석전 황원

황희–황치신–황사효–황탄黃坦

　　–황개黃塏–황윤공黃允恭–황적黃迪

　　　　–황진黃進(…7대…)–황직–황시묵–황현

황사경–황헌黃憲

　　–황원黃愿–황윤공黃允恭(당숙 황개黃塏에게 입후됨)

　　–**황응黃應–황윤탕黃允宕–황즙黃葺–(…10대…)–황태현–황기주–황의돈**

　　–황징黃懲–황윤중黃允中

　　　–황윤부黃允浮

　　–**황윤길黃允吉**

　　간혹 황의돈이 매천梅泉 황현黃玹(1855~1910)의 7촌 조카라고 알려지기도 했으나 황현의 조상은 황사효–황개–황윤공–(…9대…)–황직–황시묵–황현으로 이어지며, 황의돈의 조상 황즙과 황현의 조상 황진은 8촌 관계이다. 따라서 그들의 후손은 7촌 간이 아니라 족친이라 함이 적확하다. 다만 황의돈이 매천의 동생 석전石田 황원黃瑗(1870~1944)과 교유한 사실이 있다. 황원은 1944년 2월에 망국의 한을 풀지 못하고 저수지에 투신하여 75세에 생을 마감하였다.[13]

3장
서천에서 태어나 보령에서 한학을 배우다

황의돈의 할아버지 호은湖隱 황태현黃泰顯(1833~1885)은 세상을 떠나던 해에 선공감역繕工監役으로 임명되고 돈녕부도정敦寧府都正으로 가선대부嘉善大夫가 되었다.[1] 황태현의 처음 이름은 석錫으로 자字는 명삼命三이었고 유고遺藁가 있었다고 한다. 아버지 간송澗松 황기주黃麒周(1865~1928)의 자字는 기서麒瑞이며[2] 어머니는 전주全州 이씨李氏다. 5남매를 두었는데, 아들은 의돈義敦과 의창義昌이며, 황의돈의 자字는 돈옥敦

황의돈의 부모님

32

玉이고 의창의 자는 창옥昌玉이다. 제자 김상기 교수가 지은 비문에는 "단기 4220년 정해(1887) 9월 2일에 충청남도 서천군 문산면 문장리에서 출생하셨다."라고 쓰여있다.[3]

황의돈과 부인(경주 이씨)

황의돈은 경주 이씨와 김해 김씨를 처로 두었다. 경주 이씨와 1907년 혼인하여 슬하에 아들 수연壽淵과 딸을 두었고 그 후 김해 김씨와 결혼하여 딸 정석貞石, 윤석, 아들 석연石淵을 두었다. 딸 윤석은 우리나라 최초의 여성 판사이며 석연도 서울지방법원 부장판사·변호사였다.

한국 최초의 여성 판사였던 딸 윤석

1906년 초 입학 후 13년간에 천자문, 계몽편, 동몽선습, 소미

주계 이사욱

통감, 소학, 대학, 맹자, 논어, 중용, 시전, 주역, 춘추 좌씨전 등 한적漢籍을 통독하고 한시, 한문의 제술에 종사함.[4]

위의 인용글에 의하면 할아버지에게 한문 서적을 배운 것으로 되어있으나 외삼촌 이사욱(1848~1922)에게도 한적을 배웠다. 비문에 의하면 "선생은 재주가 남달라 유년 시절에 할아버지 황태현과 이사욱으로부터 학문을 배워 『사서삼경』 등 유교 서적을 통하셨다."[5]고 한다. 이사욱은 보령시 최초 한문 시집인 『주계시집朱溪詩集』을 지은 인물로, 1576년 황의돈의 조상 황윤탕의 비문을 지은 이덕온李德溫(1562~1635)의 후손이다.

휘문고보 교사였던, 이사욱의 장남 이승규는 『동양시학원류』, 『정다산선생전』 등과 같은 저서[6]를 남겼고 그의 아들 추강 이철원(1900~1979)은 1919년 배재학당 시절 3.1운동에 참여하고 2차, 3차 시위를 하던 중 독립신문을 등사하다가 일제에 발각되어 기숙사가 폐쇄되자 고향에 내려와 '주렴산 3.1만세운동'을 주도한 것으로 알려져 있다. 이 운동에 참여한 이로는 황의돈의 사돈(장남 수연의 처남)인 독립운동가 경파耕波 김정제金庭濟(1881~1962)가 있다. 김정제와 그의 동생 김양제,

경파 김정제

이사욱의 차남 이향규, 손자 이철원, 사위 윤용원 등은 18인의 주렴산 독립만세운동 주역들이다. 특히 김정제는 만주로 망명하여 북만주와 블라디보스톡을 거점으로 독립운동을 펼쳤다.

약력에 의하면 황의돈은 1907년 신학문을 배우기 위하여 근대식 학교인 군산공립보통학교 보습과에 입학하여 1년 만에 수료하였다고 한다. 아마도 황의돈은 1907년 5월에 군산공립보통학교 보습과가 개교하자[7] 입학하여 1년 만에 수료한 것 같다. 황의돈이 남긴 서간문에 의하면 15세에 집을 떠났으므로[8] 그 이후 군산공립보통학교에 다닌 듯하다.[9] 1910년 전후로 하여 신문에 그의 행적이 확인된다. 1909년

고향을 떠나면서 어머님께 올린 편지.　　〈대한매일신보〉 1909.1.1.

1월 1일자 〈대한매일신보〉에 의하면 평북 태천군 안봉태安 鳳泰[10]가 학교를 창설하고 황의돈을 초빙하여 청년 자제를 교육시켰다.[11]

황의돈 노기승 이항규 윤철영 4씨가 충남 교육계의 상황이 위미萎靡 부진흠을 개탄ᄒᆞ야 하기휴가를 이용ᄒᆞ야 일변一邊 으로 동지同地 부로父老를 근고勤告ᄒᆞ고 일변一邊으로 강습 소를 설치 차次 명일에 발정發程 향남向南ᄒᆞᆫ다더라.[12]

1910년 7월 10일자 〈황성신문〉에 의하면 황의돈, 이항규 등 4명은 충남 교육계의 부진을 개탄하며, 하기 휴가를 맞아 강습소에서 교육을 하였다. 우늘 이항규李恒圭는 주산면 출신으로 이사욱의 차남이며, 사립 옥성학교玉成學校 창설에 주동적 역할을 하였다. 1919년에는 주렴산 만세운동에 참여했으며 1920년 보령군 청년회 회장에 추대되었다.[13] 이항규의 형 이승규는 한학에 탁월하여 한문과 역사를 가르쳤고, 앞서 언급한 바와 같이 휘문고등보통학교 교사로 30년간 있었다. 사립 옥성학교는 8년 정도 운영하고 폐교되었으나 이승규의 아들 이종연(철원으로 개명)을 비롯하여 박태현, 최봉규 등 졸업생들이 주렴산 독립만세운동을 주도하였다. 황의돈은 2년간 서울과 일본을 오가며 신학문을 접하고, 미국 유학을 계획하고 연해주 블라디보스토크에 갔다가 뜻이 맞지 않아 북간도로 옮겼다고 전한다.

4장
만주 명동학교, 평양 대성학교에서 가르치다

1910년 일제에 의하여 국권이 상실되자 황의돈은 항일 독립운동을 전개하기 위해 북간도로 망명하려고 했다. 그러나 이승훈 등의 만류로 망명을 포기하고, 안주·가산·정주 등지에서 국사 교육을 하며 후진들에게 민족의식을 고취시키는데 전념했다고 한다. 황의돈은 안주 안흥학교, 가산 육영학교 등에서 역사를 가르쳤다. 가산 육영학교는 평안북도 태천 지역 유생 대표인 박동흠朴東歆이 설립[1]한 곳으로, 다음은 한정섭의 회고록에 나타난 당시 대성학교의 강의 모습이다.

> 안주, 가산, 정주 등에서 국사 교육을 할 때는 사람들이 강의를 듣고 죽창을 들고 나설 정도였고, 안창호 선생이 설립한 대성중학에서는 학생들이 폭동을 일으켜 나도 죽을 뻔하였거

든. 그래도 목숨을 바쳐 국사 강의를 하였고, 목이 터져라 외쳐도 분이 풀리지 않으니 살 수 있겠어.[2]

당시 신문 기사에 의하면 김좌진(1889~1930)이 1909년에 오성학교五星學校 교감이 되었다.[3] 장도빈(1888~1963)은 1910년 오성학교 학감에 취임하였고 이때 황의돈은 교사로 있었다.[4] 그러나 2년 만에 폐교되자 장도빈이 정주의 오산학교五山學校로 옮겼는데, 황의돈의 제자 김창수에 따르면 "그 무렵 황의돈은 장도빈과 함께하였다."[5]라고 하므로 장도빈과 황의돈은 오산학교에 재직하였던 듯하다. 오산학교는 안창호의 영향을 받은 이승훈이 소학교 교육을 위해 1907년 12월 24일 설립한 곳이다.

황의돈은 명동학교에도 재임하였다. 명동서숙은 1909년 명동학교로 개명하고, 신교육을 시행하기 위해 서울 상동청년학당에서 수학하고 신민회를 통해 항일운동에 참여한 정재면을 교사로 초빙한 뒤, 1909년(일설에는 1910년 3월)에는 명동중학교를 병설하고 황의돈을 초빙하여 국사교육을 강화하였다. 황의돈은 이후 대성학교로 자리를 옮길 때까지 명동중학교에서 근무하였다.

1909년 명동학교의 모습

명동학교 교사 명단

다음은 문동환 목사가 기억하는 형 문익환 목사(1918~1994)의 명동학교 재학시절 이야기다.

국어 담당으로 우리 부모님의 주례를 섰던 박태환 선생은 한글학자 주시경 선생의 저서에 서문을 쓸 정도로 실력자였다. 박태환과 정재면은 서울 상동감리교회 안에 있던 기독청년학원에서 함께 공부를 한 동창이었다. 그곳 출신들이 정 선생을 따라 명동으로 들어왔다. 역사학자 황의돈(문교부 편수관, 단국대·동국대 교수), 주시경의 제자로 조선어학회 사건의 주역인 한글학자 장지영(연세대 교수) 등도 차례로 교사로 부임했다. 장지영은 국어학자였지만 박태환이 국어를 가르치니까 대신 영어를 맡았다.[6]

황의돈은 일제 강제병합 이후인 1911년 대성학교에 교사로 부임하며 대성학교(1908.9.6.~1912)가 폐교될 때까지 역사를 가르쳤다. 대성학교는 1908년 9월 신민회의 주요 사업으로 도산 안창호와 윤치호가 평양에 설립했다. 신민회는 평양 외에도 서울·대구·광주 기타 중심 도시에 대성학교와 같은 중등학교를 세워 대대적으로 민족지도자를 양성하려

 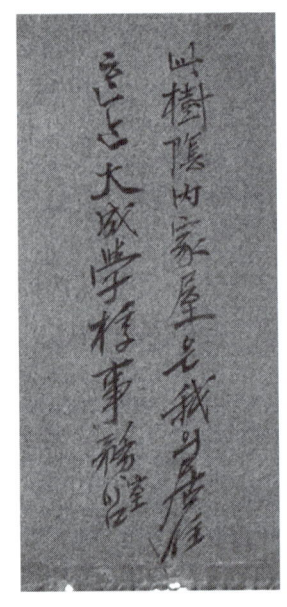

대성학교 시절 황의돈과 당시 글씨

하였다.[7] 도산은 당시 명사名士였던 윤치호를 교장으로 초빙하고 자신은 대판代辦* 교장을 맡아 실질적인 업무를 주관하였다. 또한 당시 교원들은 당대의 명사들로 구성됐는데 그 씨명氏名은 다음과 같다.

*남을 대신하여 처리함

제1회 교장 윤치호, 대판 교장 안창호

제2회 교원 장응진·차리석·김두화·나일봉·장기영·문일평·황의돈·최예항·유기렬·김현식·유진영·김진초·이상재 외 10여 인, 체조 교사 정인목·이승설.[8]

    대성학교는 이처럼 장응진·차리석·문일평·이상재·황의돈 등 당대의 명사들을 교원으로 초빙해 교육을 담당하게 하였다. 당시 학교에는 새로운 변화가 일기도 했다. 1909년 가을까지만 해도 학생들은 상투를 틀거나 머리를 땋은 채로 등교했는데, 정재면과 황의돈 두 선생이 학생 전원을 교실에 가두어 놓고 한 사람씩 머리를 깎은 것이다. 머리를 깎인 학생들은 부모의 질책이 두려워 감히 집으로 가지 못하였고 며칠 동안 밖에서 떠도는 학생도 있었다.[9]

    대성학교가 1912년에 폐교 당하는 장면은 극적이었다. 당시 대성학교의 역사 교사였던 문일평·황의돈 두 선생이 작문 제목으로 '국권 회복'이란 문제를 냈으며 "폭탄과 암살이 최선책"이란 답안에 만점을 준 것이 탄로가 나자 다수가 체포되는 동시에 학교는 폐교되며 그 영광의 깃발을 내렸던 것이다.[10]

대성학교는 1909년 전개한 일본 국기 불게운동과 105인 사건이 원인이 되어 1912년 봄 제1회 졸업생 19명을 배출한 뒤 일제에 의해 폐교되었다.[11] 대성학교가 문을 닫자 황의돈은 1913년, 원적지인 충남 서천면 둔덕리로 돌아갔다.

황의돈은 서천 지역의 대표적인 학자인 권종화權鍾華(1850~1926)와 교유하였는데, 그는 황의돈의 아버지 간송 황기주와 친구였던 사람으로[12] 『덕촌집』을 남겼다. 『덕촌집』은 1939년 충남 서천 서림서재西林書齋에서 노루지 석인본石印本으로 발행한 20권, 부록 등 7책이다. 책 앞에 최원식崔元植의 서문과 책 끝에 권경수權慶洙의 발문이 있다.

『덕촌집』에 의하면 황의돈은 아버지 황기주의 친우인 권종화의 가르침을 받았다. 권종화는 서천군 서림서재西林書齋를 중심으로 활동하였는데 노사蘆沙 기정진奇正鎭(1798~1879)의 제자이다. 기정진은 상소를 올려 국가적 폐습을 준엄하게 비판하고, 지도층인 사대부에게 청렴결백한 기풍이 없음을 우려해 삼무사三無私[13]를 권장하도록 강조하였다.

이와 같은 스승의 면모를 이어받은 권종화였기에 황

의돈을 지도할 때에도[14] 학문 연구에 있어서 편협됨 없이 유학·불교를 비롯한 동양의 학문은 물론, 서양 학문도 두루 섭렵하여 폭넓은 견식을 갖출 것을 강조하였다. 권종화는 1913년 무렵 황의돈이 귀향하자 자주 만나 교류하며 많은 가르침을 전해주었다.[15]

5장
우리나라 최초의
근대 역사교과서
『대동청사』를 저술하다

    황의돈의 『대동청사』는 국한문의 필사본으로 2권 3편 38장 227쪽에 달한다. 황의돈은 명동학교에 재직 중이던 1909년, 중등학교 교재용 중등 교과中等教科 『대동청사大東青史』를 편찬하였다.[1] 『대동청사』는 구한말의 대표적인 통사 저술로, 현재 동국대학교 도서관에 남아 있다.

    이에 앞서 단재 신채호(1880~1936)의 「독사신론」이 1908년 8월 27일부터 12월 13일까지 50회에 걸쳐 〈대한매일신보〉에 연재되었다. 신채호는 「독사신론」 서론에서 인종과 지리를 설명하고, 상세에서는 단군에서 발해까지의 역사를 서술하였다. 이후 1910년 연해주로 망명한 후에는 육당 최남선崔南善이 경영하는 잡지 『소년』 8월호에 「국사사론」이라는 제목으로 글을 실었다. 1911년에는 한인소년회가 『독

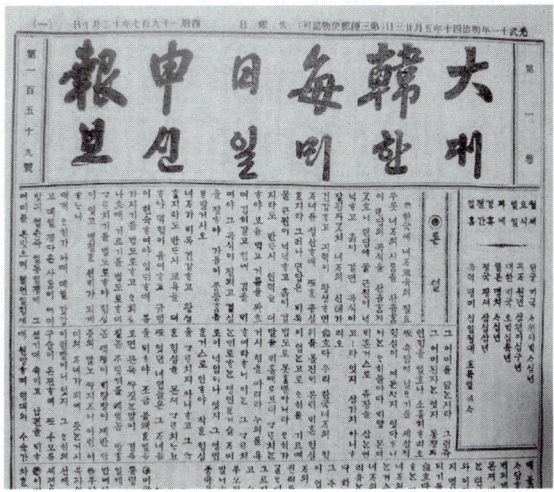

〈대한매일신보〉에 연재된 「독사신론」(1908)

단재 신채호

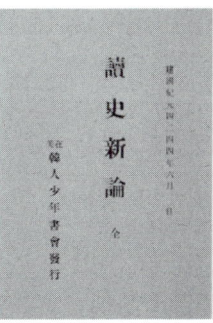
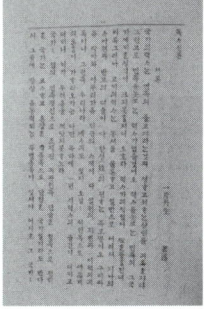

미국 하와이에서 연재된 한글판 「독사신론」(1911)

사신론』을 발간하기도 하였다. 『독사신론』은 서론과 제1편 상세上世로 이루어진 미완성 글이었으며, 신채호는 이를 완성해 『조선상고사朝鮮上古史』라는 제목으로 출판했다. 『조선상고사』는 민족주의 사관에 입각하여 서술한 최초의 한국 고대사 역사서로 평가된다.

    그에 반해 『대동청사』는 신채호의 『독사신론』의 사론을 반영한 근대적 통사이다. 1909년을 전후해 황의돈은 북간도로 이주한 후, 신채호는 연해주로 망명한 뒤 각각 민족사관에 입각한 국사를 서술하였는데 아마도 중국과 일본의 신역사학의 영향도 받았던 듯하다.

    『독사신론』과 『대동청사』는 한국 근대사학의 문을 연 역사 저술이라 평가된다. 계몽주의적 역사 서술의 흔적이 일부 남아있다는 견해도 있지만, 근대사학이 신채호의 『독사신론』과 황의돈의 『대동청사』에 의해서 성립되었다는 점에는 이견이 없다. 즉, 신채호는 『독사신론』의 사론을 통해서, 황의돈은 통사 서술을 통해서 근대사학의 위치를 수립해 나갔다. 그리고 이들의 역사는 1910년대 이후 한국사학의 기초가 되었다.[2] 또한 황의돈은 『대동청사』를 편찬한 직후인 1911~1912년, 당시 재직했던 대성학교의 역사 교재로

『대조선사大朝鮮史』를 편찬하였던 것으로 추정된다. 이 책이 대성학교의 역사 교재로 활용된 것은 분명하나[3] 저자는 명확하지 않다. 『대조선사』의 등사본이 「안창호의 강의록」(총 564쪽)이라는 이름으로도 전하고 있기 때문이다. 그럼에도 여러 정황들을 살펴볼 때 문화사학자 장도빈의 영향을 받은 황의돈의 저술로 보는 것이 타당할 듯하다. 장도빈의 『국사』는 황의돈의 『대동청사』와 함께 일제하 통사 저술의 선구적 업적으로 손꼽힌다.

그런데 여기서 주목할 점은 황의돈이 첫 통사의 서명으로 '대동大東'이란 용어를 사용했다는 사실이다. 본래 실학자들에 의해 '동국東國' 또는 '해동海東'을 서명書名으로 사용한 것이 한말 계몽사학으로 이어져 왔다면, '대동'은 조선시대의 '동국'에, 한말 민족주의적 인식이 확대되면서 붙여진 역사 인식의 소산이다.[4] '대동'이란 말을 처음 사용한 것은 관암冠巖 홍경모洪敬謨(1774~?)의 『대동장고大東掌攷』이며, 그 맥을 『대동청사』가 계승하고 있다. 이는 단순한 중국문화권의 탈피를 넘어선, 강렬한 민족의식에서 유래된 것이다.

『대동청사』는 단군부터 영·정조 때까지의 통사를 신사체를 빌어 상고사와 중고사, 근고사로 나누어 서술하였다. 제1권 상고사는 제1편 부여족 창립과 한족 침입시대로 단군부터 삼한까지를, 중고사는 제2편 부여족의 웅비시대로 삼국시대 이후부터 고려시대 몽고간섭기 이전까지를 대상으로 하였다. 제2권 근고사는 제3편 문흥무쇠시대文興武衰時代로 고려시대 몽고 간섭기 이후 조선시대 영·정조까지 다루었다. 좀 더 구체적으로 살펴보면 고려 원종 이후 몽고 간섭기부터 조선 후기까지를 「근고사」, 「문흥무쇠시대」로 묶어냈는데, 대외관계를 기준으로 삼아 독자적 시대로 구분한 것을 알 수 있다. 『대동청사』는 전근대의 단선론적인 역사인식이나 왕조적 정통론을 극복하였다. 또한 사료를 분석하고 역사적 사실로 이해하며 문화를 별도의 장으로 설정하였다는 점에서 의미가 있다.

황의돈도 『대동청사』에서 삼국시대를 "우리 4천년 역사 상에 최장最壯 최영最榮한 시대"로 간주하였지만, 고려 말 원의 간섭기부터 조선 후기까지를 "문흥무쇠시대"로 지목했다. 즉 "사회가 암흑할 뿐 아니라 유교도 또한 쇠퇴했으며, 사대주의事大主義를 고취하여 백성들의 뇌리腦裏에 노예근성을 주입하여 나라의 기세가 풀이 죽어 떨쳐 일어나지 못한" 시대로 정리하였다.[5] 또 각 시기마다 '종교와 문학'을 부기하여 문무를 겸비하였다는 것을 강조했다.

편년체 서술을 통해 인과관계를 규명하고자 하였으며, 처음부터 끝까지 단군 개국 연호를 사용한 최초의 저술이기도 하다. 동시에 제국주의적 식민사학의 침략적인 논리를 극복한 근대 역사학의 선구적 저술로 주목할 만하다. 다만 영웅주의적 사관이 짙고, 정치 설화 같은 서술이 지나치며, 보수적인 문장 표현 등이 남아 있다.

조선시대까지 서술한 통사는 1895년의 『조선역사朝鮮歷史』 3권과 1899년의 『대한(동국)역대사략大韓(東國)歷代史略』, 1906년의 『동국사략東國史略』, 1909년의 『대동청사』, 그리고 1908년 이후의 초등 교과서뿐이다. 그 밖에는 모두 신라 말이나 고려 말까지 서술한 것이다. 결과적으로 근대적 서술이 이루어진 최초의 통사는 황의돈의 『대동청사』인 것이다. 역사학자 조동걸(1932~2017) 교수는 "실학 사서에서 태동하여 계몽주의 사학을 거치면서 보다 구체화되었고 『독사신론』(1908)과 황의돈의 『대동청사』에 이르러 근대사학이 성립되었다."고 강조하고 있다.[6] 신채호와 박은식(1859~1925) 등은 한국사의 서술 중 상고사를 특히 중시하였다. 그러나 황의돈은 장도빈(1888~1963), 권덕규(1891~1950) 등과 함께 한국사 전체의 균형을 찾는데 주력한 것이다.

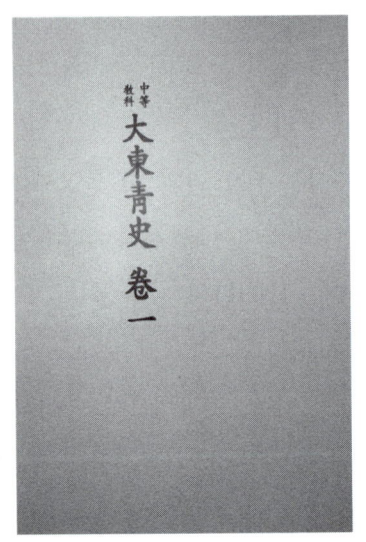

근대사학의 개척서 「대동청사」

6장
휘문학교에서 역사를 가르치고 보령에서 청년운동을 하다

황의돈은 1914년 휘문의숙 교사로 취임하였다.[1] 휘문의숙은 1904년 9월 1일 민영휘가 광성의숙으로 설립해 1906년 5월 휘문의숙으로 다시 개교한 뒤 1910년 첫 졸업생을 배출하였다. 1907년 사립학교 최초로 야구팀을 창설하였고, 1921년에는 휘문학교장 임경재를 비롯한 교사와 동문들이 한글학회의 모체가 된 조선어연구회를 창립하였다. 1923년 창덕궁으로부터 72점의 악기를 기증 받아 한국 최초의 취주악단을 창설하고, 1933년 우리나라 최초의 도서관을 만들었다. 다음은 황의돈이 휘문의숙에 재직했을 때의 기록이다.

> 한편 휘문의숙의 마지막 졸업생을 낸 1918년도 제9회 졸업 당시 교직원은 교장 임경재, 교감 장응진, 교사 민병선 … 남

형우, 황의돈, 유병민, 주시경, 전창모, 임규 … 등 22명으로 구성되어 있다.[2]

그러므로 황의돈은 1920년 보성고등보통학교에 재직 중에 1921년부터 1922년까지는 휘문고등보통학교 교원을 겸직하면서 유병민과 함께 역사 과목을 담당하였다.

> 역사를 담당했던 유병민·황의돈 선생들이 재학생에게 끼친 영향도 컸으리라 보인다.… 당시 특기할 일의 하나로 총독부 학무국에서는 민족사상 고취를 예방하고자 금 태두리 시학관 視學官들이 학교에 와서 수업 광경을 엿보고는 했다. 역사를 가르치던 교사들은 재빨리 책을 덮어 책상 속에 넣도록 조처 하고는 다른 이야기를 꺼내며 딴전을 피우기 일쑤였다. 은연 중 학생들에게 민족의식을 고취하는 선생들의 고충은 말이 아니었다.[3]

당시 일제 시학관의 감시를 피해서 역사책을 덮어 책상 속에 넣도록 하고 딴전을 피우는 등 은연 중에 학생들에게 민족의식을 고취하였다.

당시의 모든 선생님들이 애국지사였지만 특히 감동을 주셨던 선생님으로 황의돈(국사), 이관영(영어), 권덕규(국어) 선생님이 생각난다. 학과목 중에서는 역사와 영어에 많은 취미를 가졌다. 우리 과거를 잘 아는 길이 바로 이 나라를 잃은 슬픔을 빨리 벗어난 길로 알았다.[4]

황의돈이 교사로 취임한 1914년 권덕규와 황의돈은 교섭이 잦았다. 권덕규는 당시 막 졸업한 24세의 청년이었는데 그들은 휘문학교 문우회文友會 활동을 하였던 듯하다. 그들은 1920년대 초에 휘문고등보통학교에서 함께 재직하였다.

교사진도 좋았는데, 한글 교사는 김두봉金枓奉이었고, 역사는 황의돈이 가르쳤다.[5]

『휘문100년사』에 실린 황의돈과 당시 휘문고 교사 모습(우리나라 최초의 3층 건물)

휘문고보 선생들은 역사를 통해 민족의식을 키워나가고 있었다. 당시 휘문의숙은 교과서 편찬에도 힘써 1906년부터 1913년까지 총 56종의 교과서를 발간하는 등 활발한 교육 사업을 펼쳤다. 황의돈도 1916년 휘문의숙 교재로 사용했던 것으로 알려진 「중등 조선역사」를 저술하였다.

문학가 월탄月灘 박종화朴鍾和(1901~1981)는 황의돈이 최남선과 더불어 우리나라 역사학의 초석을 닦았다고 평가했다.

> 최남선, 황의돈의 초창기 역사 연구가 토대화되지 못했더라면 두계 이병도, 동빈 김상기, 치암 신석호, 하성 이선근 등 석학적 사학을 유발시키지 못했을 것이오.[6]

황의돈은 기독교청년회에서도 한국사를 가르쳤다. 기독교청년회는 1913년 4월 조선중앙기독교청년회로 개칭되었다. 그러나 황의돈은 1916년 조선중앙기독교청년회관에서의 강의 문제로 일본경찰에 체포되어 압박을 받던 끝에 1920년 휘문학교 교원직에서 물러나 서천군으로 낙향했다고 한다.[7]

1920년 4월 1일자로 사학자 황의돈은 진작에 휘문학교의 역사 교원으로 있다가 '조선역사를 가르쳤다'는 혐의로 일본인에게 많은 압박을 받던 끝에 교편을 내버리고 농촌에 숨어 살았다.[8]

황의돈은 고향에서 권종화의 가르침을 받으며 교유하였다.[9] 그런 와중에 동생 황의창과 『덕촌집』을 저술하는 등 가문의 효행을 기록으로 남겨 후세의 모범이 되게 하였다.[10] 그후 3.1운동 이전까지 금강산에 한동안 머물면서 수행한 것으로 보인다. 이때 율곡 이이 (1536~1584)의 금강산 출가 사실을 기록으로 남긴 것으로 보아 불교에 심취하게 된 듯하다.[11] 황의돈이 3.1운동에 참여했는지는 명확히 알 수 없다. 고향 주렴산 3.1운동의 18인으로 동참한 기록 또한 찾을 수 없다. 그러나 황의돈의 약력을 보면 서울에서 3.1운동에 참여했다는 기록이 있다.[12] 그리

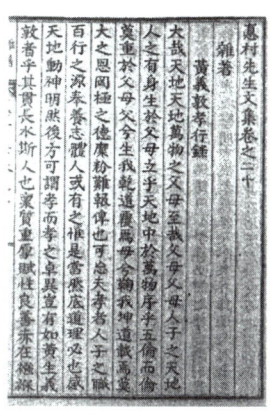

황의돈 가문의 효행사실이 실린 『덕촌집』

고 그 수제자 김창수 선생은 "1919년 3.1독립운동 때는 상경하여 시위에 참가하면서 새삼 독립운동의 지도자 양성이 급선무임을 깨닫게 되었다."[13] 라고 기술하고 있지만 그럼에도 불구하고 현재로서는 황의돈이 3.1운동에 적극적으로 참여하였는지 혹은 침묵을 지켰는지에 대한 판단은 유보할 수밖에 없다. 당시 황의돈은 애향심이 남달랐던 것으로 보인다. 황의돈은 1920년 9월 보령청년회 임시의장을 맡았다.

1920년 8월 25일 보령군 유지有志 제씨의 발기로 청년회를 조직하여 창립총회를 화정보통학교花汀普通學校[14]에서 1,000여 명이 참여한 가운데 개최하였다. 보령청년회 임시회장 황의돈이 사회를 맡아 취지를 설명한 후 김애일라金愛日羅의 독창, 야마나카 사다에山中貞枝(보령경찰서장), 신봉섭(군서기) 축사 순으로 진행되었다. 이항규(회장)을 비롯하여 부회장 이풍구, 평의장 윤호, 총무 상위, 문예부장 김정제, 체육부장 이종권, 경리부장 이진구, 사교부장 고원재, 심사부장 김상진이 선출되었다. 이 모임에서 3,292원의 의연금이 모집되었다.[15]

이항규는 이사욱의 차남으로 사립 옥성학교玉成學校 창설에 주도적 역할을 하였고, 1919년에는 주렴산 만세운동에 참여하였다. 1920년 보령청년회 회장에 추대되었다.[16] 앞서 언급했듯이 김정제金庭濟(1881~1962)는 황의돈의 사돈으로 독립운동가이다.[17]

『신영철군의 게』에 의하면 「호서학우회 통지서」에서 호서학우친목회가 1920년 5월 1일 견지동 88번지에 있는 조선경제회 호서학우회 임시사무소에서 총회를 개최한다고 하였다.

7장
보성학교, 중동학교에서 역사를 가르치다

　　황의돈은 1920년 3월 11일 보성고등보통학교 교사로 이직하였다.[1] 앞서 최인 교장이 일제 경찰에 잡혀가면서 공석이었던 교장직에 1920년 3월 11일 정대현이 교장으로 취임하였고 1920년 4월 1일부터 사학자 황의돈은 조선어와 한문, 역사 과목을 담당하였다.[2] 황의돈은 1938년 5월 말까지 약 19년간 보성학교에 재직하였다.

　　당시 학과 분담에 대하여 황의돈은 회고담에 "전임 교원이라고는 신임 교장 정대현… 역사 지리에 유병민… 조선어, 한문, 역사에 황의돈"[3]이라고 적었다. 휘문학교의 동료 교사인 유병민, 또 다른 교사 이규방과는 1935년 3월까지 함께 재직하였다.[4]

　　황의돈은 보성고등보통학교 교원으로 있으면서 역사,

조선어, 한문 등을 가르치며 강의시간에 학생들에게 한국어로 말하고 민족정신을 불러일으켰다. 보성고등보통학교 제33회(1937~1942 재학) 졸업생 고계성高繼聖의 증언이다.

> 저희는 그 때 황 선생님한테 한문을 배웠는데, 요새로 말하면 장학관*인가 그런 사람이 수업 도중에 들어왔어요. 그러니까 선생님이 수업을 않고 가만히 앉아계셔요. 일본말을 하기 싫으니까 말예요. 그렇게 가만히 계시다가 장학관이 나가면 아이들이 물어보지요. "왜 수업을 안했느냐?"고요. 그러면 "그 놈들한테 무슨 말을 하느냐."고 하십니다. 아 그런 다음에 애들이 "선생님 이거 불상사가 일어나도 괜찮겠습니까?" 하면 "거 무슨 소리냐. 일본말 했다 안했다, 그런 얘기는 이제 그만 두고 그냥 수업을 시작하자."라고요. 이렇게 한문시간을 보냈습니다.[5]

다음 보성학교의 기록들은 지금까지 전하고 있는 교실에서의 황의돈의 강의 모습이다.

황의돈 선생은 동양사 중에서도 특히 국사가이신데 권덕규,

*당시 시학관視學官

최남선과 함께 대국사가이다. 1930년대에는 더벅머리를 한 사람은 거지에서나 볼 수 있으며, 적어도 지식인에게서는 없었다. 그런데 선생은 언제나 더벅머리에 빗질도 한번 하지 않은 듯하고 또한 세수도 하지 아니한 것처럼 우중충한 얼굴에 평생 그러한 한복 차림인데, 보는 사람으로 하여금 월급으로 책을 다 사서 살림이 궁핍한 선비 학자임을 인식하게 한다.
교실에 들어오시면 교단에 올라가서 설 생각은 아예 않으시고 교실에 공석으로 있는 생도용 책상에 좌정하시고 양다리는 걸상에 올려놓는다. 조선 근대사를 사랑방에서 이야기하듯이 시작하는데 그 자세함은 실로 극에 달하여 요즘의 기록 영화를 보는 듯하다. 강의를 하는 동안에 바지의 대님을 풀어서 고쳐 매는데, 양쪽을 번갈아서 다시 매는 동안 한 시간의 강의도 맞게 끝이 난다.[6]

수학 선생으로 잇는 김현장金顯璋 씨는 엇더케 말 끗마다 마리야 소리가 만흔지 별명이 '마리야 선생'이다. 한 번에는 엇든 장난꾸러기 학생이 선생의 마리야 소리를 잡지장에다 정성스럽게 계산 하엿는데 한 시간에 50여번이나 되엿섯다고. 휘문학교에는 마리야 선생이 잇지만은 보성학교普成學校에는 「마리지 선생」이 잇다. 이 선생인 즉 바로 력사 선생 황의돈黃義敦 씨다. 그 전 다른 학교에 잇슬 때 교수 시간이면 마리지 소리가 엇지나 나오던지 한 번은 강의는 잘 안 듯고 웃기만 하니까 선생이 대로하야 책상이 부서저라 하고 탕 치고는 준엄한 목소리로 꾸지저 가로되 "제군이 마리지 내가 마리지라고 햇다고 마리지…"하야 도리여 학생의 큰 우슴을 사고 마럿다.[7]

당시 보성고등보통학교 제자들의 회상은 다음과 같다.

특히 황의돈 선생님은 국어시간에 한국 역사 이야기를 많이 하며 은근히 민족정신을 주입시켜 주셔서 학생들의 인기가 대단하였으며 존경을 받으셨다.[8]

—지철근(前 한국수산문제연구소장)

중학교에서는 조선의 역사를 배우지 못하게 되었으며 교과서나 교사의 배치도 없었던 때였다. 그러나 어떻게 된 셈인지 황의돈 선생님은 정식 교사는 아닌 것으로 짐작되었지만 조선 역사를 가르치고 계셨다. 회고해 보면 황 선생님은 진실로 제자를 사랑하고 역사를 공부하며 또 나랏일을 걱정하는 유일한 선생님이

「보성 100년사」에 수록된 관련 사진들. '조선어와 한문, 역사 등의 과목을 가르치면서 20년 가까운 세월 동안 보성의 학생들에게 민족의식을 일깨워 준 황의돈 선생'(왼쪽) '불국사 앞에서 찍은 단체사진. 보성은 학교 수학여행을 선도하였다.'(오른쪽)

셨던 것으로 기억된다. 당국에서 허락하지도 않는 조선 역사라는 교과서를 마련해 나눠 주고 단순한 역사 강의뿐만 아니라 사상을 포함한 과거의 역사가 후손에게 막중한 영향을 끼친다는 것을 깨우쳐 주셨다. 또 학생 개개인마다 개성을 살펴 조용히 장래의 나아갈 길을 계도해 주기도 하셨다.[9]

  ─원용석(前 경제신문사 회장)

곧 상경하여 조선어학회 이희승 선생을 심방하여 강사를 청탁했다니 한갑수 등 훌륭한 학자를 소개받아 군내에 모여든 회원들은 열심히 우리 글과 우리 역사를 배웠다. 나는 중앙에서 열린 강습을 받기도 하였다. 황의돈, 최현배 선생들의 명강의를 들을 때의 감격은 잊을 수가 없다. 김구 선생의 격려사도 감명 깊었다.[10]

-정상진(前 초등학교 교장)

제자 이헌구(前 문학평론가)는 "황선생은 특히 교과서 이외에 조선시대의 문장들 얘기와 동양 철학을 청산유수 같이 쏟아놓아 듣고 있는 우리들을 망연케 하였다. 뿐만 아니라 루소의 민약론이니 크로포트킨의 무정부주의니 하는 새로운 서양 사조들까지 얘기해 주셨다. 아직 16~17세의 소년들로서는 잘 이해가 되지 않을 뿐 아니라 처음으로 듣는 외국 사람들의 이름이요, 또 용어였던 것이다. … 그런 중에도 황 선생의 박식과 인격에서 풍기는 감화는 가장 컸던 것이다."[11]라고 회상했다. 또 황의돈의 지식에 대한 박람강기博覽强記의 경향에 대해 "황 선생은 역사에 대하여 무진장 지식을 갖고 계셔서 실마리 하나가 풀리면 걷잡을 수 없이 얘기가 흘러나와, 마치 우리들은 거미줄에 걸린 파리 모양으로 어디로 어떻게 끌고 가는지 알 길이 없었다. 그리고 이따

금씩 지상에 글을 발표하실 때 선생은 '적的'자를 쓰시는데, 그 방면의 선구자이기도 한 것이다. 신문화와 더불어 들어온 신사상은 이 '적'자 표시되었거니와, 선생은 너무도 '적'을 많이 쓰셔서 '적적 박사'라는 별명을 붙일 만큼, '적'으로 선생의 주위에 성을 쌓기라도 하는 듯 싶었다. 이런 중에서 선생은 동양 사상과 동서 교류에 의한 새 시대의 사상을 가지고 계셨으며, 특히 불교에 대한 깊은 이해는 더 나아가 황하와 간디스강과 나일강이 이루어 놓은 세계 3대 사상의 연원을 밝혀 사회의 장래를 예견한 크신 포부를 발표하신 것이다. 그러므로 선생은 많은 제자들을 거느린 공자나 옛날 성현들처럼 우리들로 하여금 선생을 따르게 했다. 특별히 옷차림이나 몸 단장에 관심이 없이 항상 한복을 입고 나타나시는 그 모습의 어느 일면에는 구도자이기도 하며 해탈자이기도 한 풍모를 느끼게 하는 것이었다."[12]라고 추억했다.

황의돈은 천도교 교회당에서 『고려대장경』을 주제로 강연을 하던 중 민족정기를 내세우다가 일제에 연행된 적이 있었다. 효성 조명기(1905~1988) 전 동국대 총장의 말이다.

"보성고등보통학교 교원이었던 황의돈 씨가 천도교 교회당에서 『고려대장경』에 대한 강연을 하며, 몽고 침입에 대한 투쟁심을 일제 치하에 항거하는 민족정기에 결부시켜 이야기하다 학생 주최자와 함께 연행된 일도 있고…".[13]

효성 조명기

황의돈은 보성고등보통학교 시절 제자였던 석당 최남주(1905~1980)에게 일제 치하에서 꼭 총칼로 일본에 무력 항쟁하는 것만이 독립운동의 길이 아니라, 고향 경주에서 신라 문화유산들을 연구하고 보존하는 것도 정신적 항일투쟁이란 사실을 강조했다. 이에 최남주는 황의돈의 권유로 1926년 경주박물관의 전신인 경주고적보존회에 들어가 신라 문화유산 보호와 연구에 전념하였다.

황의돈은 1920년 8월 보성고등보통학교에서 정대현, 이규방과 같이 역사 교재 『조선통사』를 만들었으나 경찰에 압수 당하였다. 또 1921년부터 휘문고등보통학교에서 1년간 국사 강의를 담당하며 1923년 『신편조선역사』 1권을 저작하여 편찬하였다. 1924년에는 중동고등보통학교의 역사 교원으로 5년간 겸직하였는데,[14] 중동학교 교사에 의하면 "황의돈 선생도 중동 교사 출신의 민족사학자이다. 선생은 중동고등보통학교에서 학생들에게 민족정신을 고취하였다."[15]라고 전한다. 황의돈은 당시 권덕규, 최남선 선생과 함께 3대 국사선생님이었다.[16]

1930년대에는 교사 모임 조한교원회朝漢教員會에서 활동하였다. 보성고등보통학교 황의돈을 비롯해 경신고의 김승렬, 중앙고의 권덕규와 이광종, 이화여고의 김극배, 중동고의 유정렬, 성균관의 안인식, 휘문고의 이승규와 가람 이병기, 열운 장지영 10인이 회원이었다.[17] 아마도 서울 시내에서 활동하던 교원들이 주도한 모임이었던 듯하다. 하지만 황의돈은 역사 교원으로 활발히 활동하던 중 '조선 역사를 가르쳤다는 혐의로' 일본인에게 많은 압박을 받게 된다. 결국 황의돈은 교편을 내려놓고 고향으로 내려가 살았다.[18] 「보성 50주년 기념호」에 게재한 회고담에서 그는 당시의 상황을 다음과 같이 적었다.

1937년 7월 7일부터 중일전쟁이 일어나고 1941년 12월 8일부터 제2차 세계 대전쟁이 일어나자 일본인의 압박이 날로 심하여 다른 학교와 같이 교육 상 지장이 크게 있어서 많은 고통을 받아왔었다. 필자도 또한 그의 여파를 입어서 담당해 오던 역사를 가르치지 못하게 되었고 이어서 조선어 한문과도 폐지케 되므로 1938년(戊寅) 5월 말에 19년간 정을 들여온 보성교를 작별하고 조선일보 편집부 고문으로 전직을 하고 말았다.

8장
우리나라 최초로 저작권 소송을 제기하다

보성고등보통학교 교사 시절 황의돈은 덕흥서림 주인 김동진과 동업자 박해묵이 자신의 책을 베껴 출판하였다고 고소하였다.

세계에서 저작권이 '권리'로서 처음 인정받기 시작한 것은 1684년 독일 황제의 칙령에 의해서였다. 하지만 최초로 제정된 법령은 1709년 영국의 '앤여왕법(Statute of Anne)'이다. 반면 우리나라에 저작권법이 처음 도입된 것은 1908년 일미日美협약 때부터이지만 1957년 1월 28일에야 우리나라 실정에 맞는 저작권법이 제정되었다.

〈조선일보〉 1924년 1월 11일자에 '저작권 침해로 항고'라는 제목 하에 다음과 같은 기사가 실렸다.

 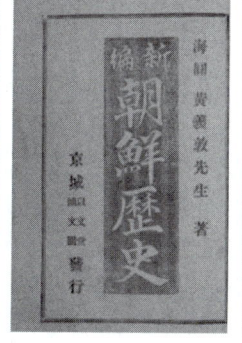 

보성고보 교사시절 황의돈　　『신편조선역사』　　『반만년 조선역사』

시내 모 고등학교의 교수로 잇는 황의돈씨는 시내 삼청동 박해묵·김동진씨를 걸어서 얼마 전에 저작권 침해로 경성지방법원 검사국에 고소를 제기하얏든 바, 동 검사국에서는 원 피고를 호출하야 사실을 조사한 결과 불기소가 되었으므로 황의돈씨는 다시 경성복심법원 검사국에 항고를 제기하야 방금 검사국에는 사실을 엄밀히 조사하는 중이라는 데….

이 일은 당시 〈조선일보〉뿐만 아니라 〈동아일보〉에도 보도될 만큼 조선 초유의 사건이었다.

저작권 소송 관련 기사, 〈조선일보〉 1924.1.11.[1]

    황의돈은 1918년 무렵 한국사 관련 저술을 편찬하여 총독부에 제출하였다. 그러나 원고 내용이 불온하다는 이유로 인가받지 못하였고 수정하여 1923년 9월 무렵『신편조선역사』를 이문당에서 출판하였다. 그런데 1923년 10월 무렵 김동진과 박해묵이『반만년 조선역사』를 발행하면서『신편조선역사』의 내용을 표절한 것이다. 그로 인해『반만년 조선역사』가 황의돈의 저술로 잘못 알려지게 되었다.[2] 박해묵(1875~1934)은 동학계 친일파 종교였던 시천교의 주요 간부를 역임하였으며, 김동진(1885년경~?)은 박문서점, 영창서관과 함께 서울의 3대 서점이자 출판사인 덕흥서림 주인이었다.

저작권 침해 소송에 대한 당시 신문 기사에 따르면 박해묵은 총독부 검열국 관리로부터 황의돈의 원고를 빼내어 책을 출판했던 것으로 보인다. 처음과 끝 부분 약 10페이지 가량만 변작하였을 뿐 그 외에는 전부『신편조선역사』의 내용과 동일하였다.[3] 이에 황의돈이 항의하였으나 박해묵은 『조선신사』를 이용한 것이 아니라 박정동(?~1919)[4]의 유고작을 간행한 것이라고 주장하였다. 결국 황의돈은 1923년 경성지방법원에 김동진과 박해묵이 자신의 책을 표절하였다고 고소하였다.

황의돈은『신편조선역사』보다 앞서 1921년에 지은『조선신사』1책 원고를 표절당했다는 주장으로 1923년 이들을 법원에 제소하였는데 우리나라에서 처음 있는 저작권 소송이었다. 소송은 2년 이상을 끌었다. 당시 검사국에서는 불기소처분을 하였으나 1924년 황의돈은 복심법원 검사국에 고소하여 1심에 승소하였으며, 1925년 5월 12일 고등법원에서 다시 승소하였다. 〈조선일보〉 등 일간지는 1925년 1월 29일 기사에 '법정에 공개된 역사논쟁'이란 제목으로 소송 경과를 자세히 보도했다.

원래 자기는 대정 9년 경부터 역사 저작물을 출판하고자 『조선통사』라 명명한 원고를 검열 당국에 제출하였든 바, 당국은 그 책의 내용에 단군기원을 쓴 것과 태자, 붕어 등 문자를 쓴 것이 불온하다는 이유로 출판을 허가치 아니함으로 할 수 없시 단군기원을 거금距今 몇 년이라고 하고 태자 붕어 등 문자를 빼고 다시 『조선신사』라는 이름으로 원고를 당국에 제출하였든 바 당국은 또 다시 출판을 허가치 아니함으로 자기는 당시 학무 당국이 잇든 오다 쇼고小田省吾 씨를 찾아보고 출판을 허가치 아니하는 이유를 질문한 즉, 오다 쇼고 씨의 말이 "『조선신사』의 근본정신이 현재 일본의 처지로 용인할 수 없는 점이 있고, 단군을 우리는 인정치 않았는데 『조선신사』에는 단군을 인정하얐스며 일본인들이 주장하는 대로 신공황후神功皇后 시대에 조선이 일본의 속국이라는 말을 인정하지 하지 아니하였다."는 역사 사실도 없는 일본인 본위의 편협한 이유로 답변함으로 자기는 할 수 없시 다만 학살 상

논쟁으로 몇 마디 말이 있은 후 그대로 출판을 단념하고 그 후 자기 학교 생도들에게 역사를 가르치기 위하여 그 원고를 등사하여 준 일이 있는데 그 후 『반만년 역사』라는 책이 출판되었기에 그 책을 본 즉, 그 책의 내용이 전부 자기의 주장과 서술 그대로임으로 사실 내용을 조사하여 본 결과 ….

즉 황의돈은 단군기원설 등을 담은 조선 역사에 관한 원고를 총독부에 제출하였지만 출판을 할 수 없었다. 경성제국대학 교수이자 총독부 중추원의 편수 업무를 맡은 오다 쇼고小田省吾(1871~1952)가 "단군을 인정할 수 없고, 신공황후神功皇后 시대 조선이 일본의 속국이라는 점을 인정하지 않았다."는 등의 사유를 내세워 출판을 허가하지 않았기 때문이다. 후에 박해묵이 『반만년 조선역사』라는 책을 출판하였는데, 조사 결과 총독부 검열국 관리가 원고를 빼내 넘겨주고 출판허가도 내준 것이었다. 이 때문에 『반만년 조선역사』가 황의돈의 저술로 잘못 알려지기도 한 것이다. 당시 저작권에 대한 개념이 불확실해서 경성지방법원 검사국에 고소하였지만 기소되지 않았고, 항고심에서야 세상에 드러나게 되었다.[5]

『조선역사』 "십이일 경성복심법원에 의해 역시 일심 판결과 같이 두 사람에 대하여 각각 벌금 백 원의 판결이 있었는 바 이에 원고 황의돈 씨는 다시 민사로 9천 6백원의 손해배상 청구 소송을 개시하였다."[6]

경성지방 복심법원은 김동진과 박해묵에게 저작권 침해 혐의로 각각 벌금 100원씩을 선고하였다. 황의돈은 다시 두 사람을 상대로 9,600원이라는 거액의 손해배상 소송을 제기하였다.[7] 결국 황의돈이 배상금 500원을 받고 화해하면서, 우리나라 최초의 저작권 소송은 문제를 제기한 지 5년 만인 1927년에 종결되었다.[8]

그 후 김동진도 자신이 펴낸 소설『옥루몽』을 다른 출판사가 베껴 출간했다며 소송을 제기하는[9] 등 이후 출판계는 물론 음반, 영화 등 여러 분야에서 저작권 소송이 계속되었다. 〈조선일보〉는 "이화전문학교에서 발행한 조선민요 합창곡집 중에 이상준씨의 창작 곡보가 들었다."라며 기사화하였는데, 이것이 우리나라의 첫 음악 저작권 소송이다.[10] 역사가 황의돈이 우리나라 최초의 저작권 소송을 제기한 지 8년 뒤, 서적이 아닌 음악에서도 저작권 소송이 제기된 셈이

보성교보 교사 이상준이 제기한 첫 음악 저작권 소송에 관한 기사
〈조선일보〉 1932.2.26.

다. 이러한 사건을 계기로 저작권에 대한 이해가 조금씩 확산되기 시작하였으나, 여전히 저작권에 대한 철저한 인식은 미흡한 듯하다.

9장
「신편조선역사」와
「중등조선역사」를
편찬하다

황의돈은 1909년 완성한『대동청사』를 필사본으로 사용한 이래 1920년 9월 역사 교재『조선통사』를 저술하였으나 압수당하였다. 1921년 무렵 일부 내용을 고쳐『조선신사』를 저술하였으나 역시 허가가 나지 않았다. 이에 1922년 5월 보성고등보통학교에서 교재로 사용하기 위해『조선신사』500부를 등사하였다. 그 이듬해인 1923년 9월 일반인들도 쉽게 이해할 수 있도록 수정하여「신편조선역사」를 간행하였다.

17세 사범대학 3학년 때『신편조선통사』를 읽은 일이 있다. 기숙사에서 일본인 선생들 감시의 눈을 피해가면서 몰래 읽던 기억이 지금도 새삼스럽다. 이 책을 읽으면서 일본 역사는 배우면서도 우리나라 역사는 배우지 못하는 우리들의 가엾은

신세를 얼마나 안타까워 하였던가? 우리도 일본인 못지 않은 훌륭한 민족이요, 일본 문화 못지않은 훌륭한 문화를 가졌다는 사실을 알고 얼마나 놀라고 기뻐하였던가? 이때부터 저는 황의돈 선생님을 만나 뵈올 날이 오기를 손꼽아 기다렸다.[1]

-조좌호, 「황의돈 추모사」

우리 선조들은 그래도 자식들에게 나라의 고마움을 일깨워 주려고 많은 것을 가르쳤습니다. 일제 때는 더욱 그랬습니다. 망국의 설움 때문이었겠지요. 저의 아버지와 할아버지께서도 항상 역사책을 읽도록 가르치셨습니다. 그래서 황의돈, 장도빈 같은 선생 분들이 쓴 역사책은 모두 읽었습니다. 조선에 대한 이야기나 단군신화를 들려주시곤 우리가 문화민족이며 영광스런 역사를 가지고 있음을 인식시키려고 노력하셨습니다.[2]

-〈조선일보〉, 1982.3.10. 서영훈(前 대한적십자 사무총장)

『신편조선역사』는 상고 이래 최근세까지를 다섯 시기로 구분하여 서술하였다. 당시 역사가들 대부분은 고대사에 치우쳐 서술한 반면 황의돈은 각 시대별로 안배하여 서술하였다. 단군을 '환검桓儉'이라 하고 환인을 '단인檀因'이라 하며 제석帝釋, 환桓 등에 대한 어원적 해석을 내리고 있다는 점이 최남선의 연구와 유사하다. 신채호와 같이 중국 망명객 기자가 우거한 것이며, 위만조선은 정통이 아닌 연인설燕人說을 취하고 있다. 삼국의 건국을 『삼국사기』에 따라 설명하였으나, 그 중에서도 고구려 중심으로 서술하였다. 중고사는 삼국 및 고구려의 대외 항쟁사를 중심으로 보았고, 남북조의 역사를 독립된 장으로 보고 서술하였다. 고려의 인쇄문화에 대해 세계사적 의미를 부여한 것은 다른 민족주의 역사가와 같다.

이성계를 이태조라 한 것은 이 시기 민족주의 역사서가 모두 이성계라 한 것과는 차이가 있다. 조선 건국을 '혁명'이라는 긍정적 측면에서 기술한 것도 그렇다. 그는 조선 중종의 연산군 제거를 혁명으로 간주하고 홍경래의 난은 부패한 국정을 타개하려는 것으로 보았다. 최근세 부분은 흥선대원군부터 1904년까지를 다루고 있어서 비교적 소략하며 동학을 강조하고 있다. 각 시대별 서술에서 역대 왕조의 계보를 도표화 하고 『대동청사』와 같이 각 시대별로 문화 부분을 별도의 장으로 구성하였다.

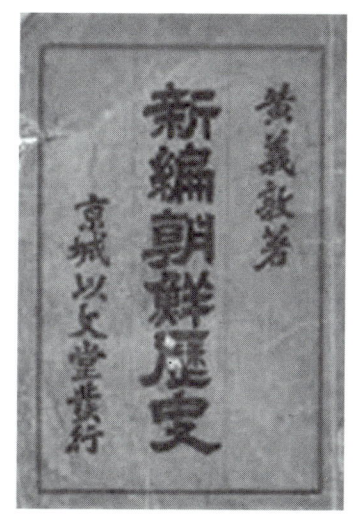 

「신편조선역사」　　　　　　「증정 중등조선역사」

　　황의돈은 1926년 학생들을 위해 중등 과정의 교과서인 『중등조선역사』를 발간하였다. 기존의 『신편조선역사』는 한자가 많아 소년들이 읽기에 어려움이 많았다. 마침 저작권에 대한 판결을 받아 낸 직후 아우인 황의창의 권유로 가능한 한글로 바꾸고 내용도 간략히 하였다.[3]

　　황의돈은 1928년에는 증정 작업을 진행하여 1929년 『증정중등조선역사』라는 이름으로 4판본을 발행하였다.[4] 4

판본에서는 오자 수정과 함께 「최근의 문화」라는 장이 추가되었다.

『중등조선역사』는 1919년 3.1운동 이후 총독부가 이른바 문화정책을 표방하자, 조선 본위의 교육에 대한 열망이 표출되면서 조선역사에 대한 요구가 증가하는 가운데 나온 저작이었다. 『한국통사』가 은밀히 한국인 식자층을 통해서 유통되었다면, 『중등조선역사』는 일제강점기 역사지식의 대중화를 통해서 한국인들의 한국사 인식에 영향을 끼친 저서였던 셈이다.[5] 한자를 지양하며 가독성을 높임으로써 일반 대중들이 쉽게 읽을 수 있도록 한 것도 한몫했다. 실제 『중등조선역사』는 1926년 초판 발행 이후 1933년까지 총 9판이 발행되었으며 서울 및 지방의 학교에서 교재로 폭넓게 활용되었다.

『중등조선역사』는 상고사부터 최근세사, 즉 1910년 일제의 강제 병합까지를 다루고 있다. 통사를 다룬 만큼 개별 사건에 대한 자세한 서술을 지양하고 있다. 그렇기에 『한국통사』에 비해서는 최근세사의 서술이 꼼꼼하지 않고 간략하다.

황의돈은 1932년 '중등학교교육연구회' 이름으로 대중들이 보다 쉽게 역사를 알 수 있도록 정리한 보통학교 교

「중등조선역사」 관련 기사 〈동아일보〉 1927.1.27.

재용『보통조선역사』를 발간하였다.[6] 고려의 인쇄문화에 대해 세계사적 의미를 부여한 것은 다른 민족주의 역사가와 같다. 호암 문일평은 당시 우리 손에 의해 쓰여진 교과서가 거의 전무한 상황에서 편찬된 애류 권덕규[7]의 『조선유기朝鮮留記』(1926)와 황의돈의 『중등조선역사』를 뛰어난 교과서로 높이 평가하였다.[8]

10장
중등학교 교사로서 초기 문화사학을 개척하다

황의돈은 1921년 동향인 약림若林 신영철申瑩澈(1895~1945) 등에 대한 서술이 담긴 『신영철군의 게』(필사본)와 『서화담* 선생전』(이문당)을 간행하였다.[1] 『신영철군의 게』는 책의 표제가 아닌 맨 앞에 있는 항목이다.[2] 특히 호서학우회 통지서, 남양동창회서南陽同窓會序의 글은 황의돈의 향토애를 알 수 있는 대목이다.

황의돈은 신영철과 공저로 1924년[3] 『신체미문-학생서한』을 홍문원(문화서관)에서 간행하였다.[4] 이는 학생들이 일상생활에서 활용할 수 있도록 다양한 상황에 맞추어 편지글을 모아 엮은 것이다.[5] 당대 청년학생들의 글쓰기뿐만 아니라 '미문美文'과 '명문明文'을 위해 서술한 책이다.[6] 신영철은 중국 신경新京의 만선학해사滿鮮學海社에서 만주 조선의 역

*조선 중기 유학자인 화담 서경덕을 지칭한다.

「신체미문-학생서한」 「반도사화와 낙토만주」

사를 정리하고자 1943년 『반도사화와 낙토만주半島史話と樂土滿洲』를 간행하였다. 친일 인사들의 논설문도 포함되어 있지만 황의돈의 논설은 『조광』과 〈조선일보〉에 게재되었던 글을 재수록한 것이므로 황의돈의 친일 행적과는 무관하다.[7]

이밖에 1935년 방촌 황희선생 문집간행 위원회에서 장수 황 씨의 가계 문집인 「방촌선생문집」을 방촌선생문집 간역소刊役所에서 편찬하는 등[8] 황의돈은 가문에 대한 애정도 매우 깊었던 것으로 보인다.

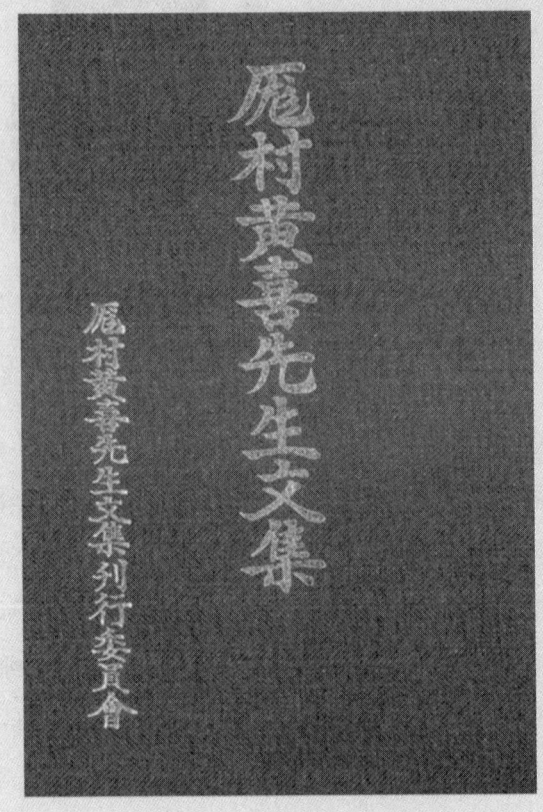

『방촌황희선생문집』

다음으로 황의돈의 논문을 통하여 그의 사론을 소개하고자 한다.

황의돈의 주요 역사 논설류는 『해원문고海圓文稿』 상편과 하편에 수록되었다.⁹ 그 외 두 책에 미처 실리지 못한 논설류(여기서는 속편이라 지칭한다)도 상당수 있다. 상편에는 전기, 논문류가 수록되었고 하편에는 역사논설, 향토문화, 역사이야기, 민속·교양, 한시·비문, 부록으로 구성되었다.

속편은 △「삼대문화의 원류」 △「역사상으로 본 세계문국文局의 동향」 △「한국해군 소사」 △「역사와 위사」 △「국사연구의 기초지식」 △「조선사 연구의 근본사료」 △「역사적 대국의 동향과 불교」 △「우리나라 지방행정제도의 변천」 △「금에 대한 소고」 △「희생이 된 동양」 등이다.

(1) 고대의 논문류: 「상고사 연구」 「상고사 연구의 사료」 「단군 고증에 대한 신기록의 발견」 「고구려 해군의 활동」 「신라국민의 산업적 활동」 「신라의 찬연한 문명」 「신라민중의 영화」 등 (2) 고려의 논문류: 「중고사 연구」 「고려왕씨의 말로」 등이다 (3) 조선의 논문류: 「회안공 방간의 난」 「무오사화의 숨은 동기」 「근조선의 치욕인 당쟁의 화」 「경진

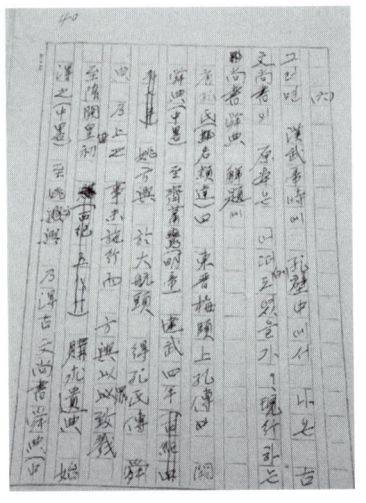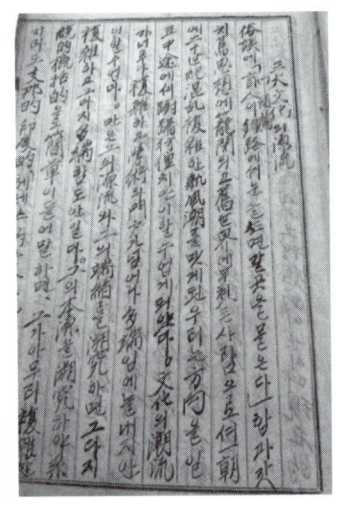

해원 황의돈의 습작 원고, 「삼대문화의 원류」

사화:조광조의 개혁운동」「계해혁명의 전말」「근조선 말엽의 왕실비사」 등 (4) 근대의 논문류:「최근세사」「갑오의 혁신운동」「갑오혁신운동과 전봉준」「갑신정변의 원인과 결과」「임오군란(1882)의 진상」「명치 15년(1882)의 경성의 변」1~6「조선 최근사의 10년 관(觀)」「광무 융희시대의 계몽운동」 등 (5) 현대의 논문류:「해방후의 식량대책 소고」이다.

인물 전기로는 「왕양명(수인, 1368-1661)전」과 (1) 고대:

「원측법사와 원효대사」, 「원효대사의 업적」, (2) 고려: 「이목은(색)전」 (3) 조선: 「서화담(경덕)전」 「이율곡(이)전」 묘비명(황씨계, 이성異姓), (4) 근대: 「위국항일열사 열전-민영환, 안중근, 손병희」 등이다.

우선 황의돈은 단군의 재발견을 위해 이승휴의 「제왕운기」와 「동안거사집」 등 국내 자료를 비롯하여 중국 사료[10] 등 문헌뿐만 아니라 금석문이나 유물 등을 통해 연구 대상을 확대하였다.[11] 민족자존과 인류공영의 견지에서 사대관을 극복하기 위해 단군조선이 고대 중국과 교류한 것을 공존·공생권의 입장에서 다루기도 하였다. 또 문화발전의 원동력으로 신라 경덕왕대 산업의 발전에 주목하여[12] 문화와 산업의 상관관계 속에서 이를 이해하고자 하였다.[13] 국사 상의 제 문제에 대해서는 실증을 바탕으로 해석하고 합리적 관점에서 서술함으로써 국사연구의 새 경지를 개척하였다. 대표적인 부분이 「고구려 해군의 활동」 중 『수서』의 기록에서 당시 을지문덕이 살수대첩의 해상 전투에서 수군 30여만을 격파했음을 새롭게 밝혀낸 것이다.

민족사의 강역彊域*도 보다 확대시키고자 애를 썼다. 예컨대 발해를 북조北朝로 보아 민족사의 영역으로 간주하

*나라와 나라의 영역을 가르는 경계.

고 발해 유민의 동향에 대한 연구도 하였다. 동경東京 요양부遼陽府를 중심으로 건국된 대연림의 홍요국과 압록강 유역에 건국된 열만화烈萬華의 정안국 등 발해 유민국가의 흥망을 밝혔다. 지배층 중심의 역사 인식속 민중의 역할을 강조하며 그동안 천민의 난으로 인식됐던 고려 망이亡伊, 망소이亡所伊의 난, 만적의 난 등을 민중운동으로 이해하였다.

황의돈은 『화담 서경덕 선생전』에서 그를 물질불멸론의 세계적 수창자라고 간주하였고, 『율곡 이이 선생전』에서는 서경덕의 유기론과 퇴계 이황 및 노사 기정진이 서로 관통한다는 해석을 통해 한국 유교철학의 체계를 확립하였다.

구한말의 '계몽운동'을 민족운동 범주에서 이해한 최초의 논문은 1926년 『신민』 6월호에 실린 「광무 융희년대의 계몽운동」이었다.[14] 특히 『조광』에 실린 「갑신정변의 원인과 결과」, 「임오군란」, 「무오사화의 숨은 동기」 등의 논문은 새로운 경지를 개척했다는 평가를 받는다.

1922년 잡지 『개벽』 「갑오혁신운동」에서 전봉준의 거사를 최초로 높이 평가하였고, 「민중적 규호叫號의 제1성聲인 갑오甲午의 혁신운동」에서 동학농민운동을 "전민중의 자유적 권리, 평등적 행복을 요구하기 위하여 또는 그를 대표

〈매일신보〉 1922.4.16. 신간소개 : 「갑오의 혁신운동」

하여 규호하고 분투한 "민중적 혁신운동"으로 보았다.

황의돈은 한국 독립운동사의 서술에 주목하여 1956년 5월 이후 〈동아일보〉에 「항일의사 열전」을 발표하였다. 이에 따르면 황의돈은 서양이 정복주의를 추구한 반면, 동양은 공존주의를 추구하였다고 전제한다. 또 금세기에서 제국주의가 대두되지 않을 수 없었고, 이로 인해 제국주의는 동양의 공존주의를 침략하게 되었다고 주장하였다. 이에 항쟁

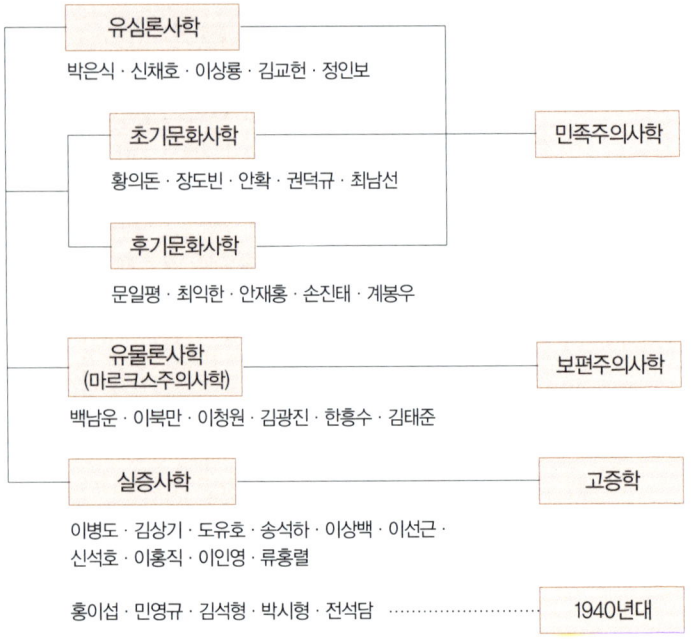

조동걸, 「현대 韓國史學의 발전과 과제」, 『한국사론』 27, 국사편찬위원회, 1997.

한 충의열사의 대표적 인물로 민영환, 안중근, 손병희 등을 높이 평가하였다.[15]

당시 역사학자는 초기 문화사학자(황의돈, 장도빈, 안확, 권덕규, 최남선), 후기 문화사학자(문일평), 실증사학자(이병도, 김상기, 신석호), 절충식 경제사학자(이훈구)로 나눌 수 있다.[16] 식민지 시기의 문화사학은 황의돈·장도빈·안확·권덕규·최남선 등에 의해서 개창되어(초기 문화사학) 30년대에 안재홍·문일평·최익한·손진태 등에 의해서 발전하였다(후기 문화사학). 문화주의 사학들의 대표적인 저서는 1923년 황의돈의 『신편조선역사』와 안확의 『조선문명사』, 1924년 장도빈의 『조선역사요령』 등이다.[17]

11장
일제강점기 조선불교 발전을 위해 노력하다

　황의돈이 불교계 활동을 시작한 것은 1920년대 초기부터로 추정된다. 황의돈이 이 시기 강사로 출강하였던 조선불교회는 1914년에 조직된 불교진흥회를 연원으로 하면서 불교진흥회의 후신인 불교옹호회를 승계한 친일 불교단체였다. 이후 1925년 5월에 재단법인 체제인 조선불교단으로 전환하였다.[1] 일반 대중들에게 불교 강연회 개최 위주의 사업을 전개하였는데 황의돈도 다음과 같이 참여하였다.

▣ 조선불교회 '불교사상의 발전' (1922.2.25. 각황사)
"조선불교대회 주최로 25일 오후 7시 반에 시내 수송동 각황사에 강연회를 열고 아릐와 가튼 문뎨로 강연한다더라. △불교사상의 발전(황의돈) △조선불교에 대하야(박광희) △불교의

정수(히사이에 시미츠久家慈光)"²

1922년 2월 25일 모임을 소개한 〈동아일보〉 기사

■ 조선불교회 '불교와 현대사사'(1922.11.25. 장곡천정회관)
"불교대회에셔는 25일 오후 2시부터 장곡천정長谷川町 17번지 본회관에서 특별대강연회를 개최하는대 연제와 연사는 여좌如左하더라. △불교와 현대사상(황의돈) △고苦로부터 낙樂에 문학사(케이나이 키에溪內式惠) △불교의 이상(이원석)"³

■ 조선불교회 '자비세계'(1923.1.25. 장곡천정회관)

"불교대회에셔는 25일 오후 7시브터 장곡천정 17번지 본회관에서 강연회를 개최하는 대 연제의 연사는 여좌如左하다더라. △조선에 밋친 불교영향(권덕규) △자비세계(황의돈) △삼세평등에 선주善住하라(이인상)"

위에서 보듯이 황의돈은 조선불교회에서 주관하는 불교대회에서 강연을 하였다. 또 1924년 무렵에는 조선불교회 불일사『불일佛日』편집 동인同人에 이어, 1927년 9월에는 불교소년회 임원을 하였다.[4] 『불일』은 조선불교회 내의 불일사에서 간행한 불교연구 잡지로, 1924년 7월에 창간되었으나 같은 해 11월의 통권 2호로서 종간되었다.

조선불교회 내에는 불일사우회라는 동호인 모임이 있었으며,[5] 『불일』은 회원에게만 배포하였다. 편집 겸 발행은 김세영이 담당하였고, 편집 동인으로는 김익승, 김세영, 박한영, 백상규, 백우용, 양건식, 이능화, 황의돈, 권상로 등이 참여하였다. 황의돈은 『불일』 1·2호에 다카야마 초규高山樗牛(1871~1902)가 지은 「석가전」을 번역하여 실었다.

황의돈은 『어린이』의 창간 동인이자 편집인이었으며,

『불일』 1	『불일』 2
1. 創刊辭	1. 思想改造問題에 대하야(龜山人)
2. 日暮黃昏에서(龜山人)	2. 佛敎의 女性觀(靈齋生)
3. **釋迦伝(高山樗牛著, 黃義敦譯)**	3. 朝鮮佛敎歷史(尙玄居士: 李能和)
4. 達磨祖師略伝(無能居士: 李能和)	4. **釋迦伝(高山樗牛著, 黃義敦譯)**
5. 懶翁和尙參禪正曲(解波: 金世暎選)	5. 靈山會上의 曲譜新製, 朝鮮音樂의 歷史 略述(白禹鏞)
6. 佛敎術語(無能居士: 李能和)	6. 佛敎術語(無能居士: 李能和)
7. 朝鮮佛敎歷史(尙玄居士: 李能和)	7. 佛敎의 槪念(石沙門: 朴漢永)
8. 佛敎의 槪念(石沙門: 朴漢永)	8. 佛日先生맛게되는 우리의 즐거움(李光世)
9. 摩訶般若波羅蜜多心經譯解(龍城堂: 白相奎)	9. 佛說無量壽經에서 四十八願(權退耕譯: 權相老)
10. 부텀님세계그림장엄 데일장(海波)	
11. 미타경즉역(退耕: 權相老)	
12. 朝鮮佛敎會決算報告	

「울기 잘하던 평강공주」, 「홍경래」 등을 연재하였다. 주요 집필진으로 차상찬, 손진태, 김기전, 김진구, 신영철, 방정환, 조규수, 연성흠, 박달성, 고한승, 김옥빈, 이돈화 등이 활동하였다.[6]

1926년 6월 15일 오후 4시에 각황사에서 조선불교소년회의 창립총회가 열렸다.[7] 조선불교소년회[8]는 "현대 소년

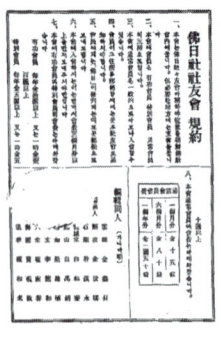 

「불일」 창간호　　　　　「불교」 창간호

남녀의 개성을 발휘시키는 동시에 소년 남녀에게 불교 정신을 일반적으로 보급시키겠다."[9]라는 목적으로 창립되어, 동화대회, 동요대회, 가극대회, 웅변대회, 빈민구제사업, 초파일 기념행사 등을 했다. 소년회의 고문은 당시 불교학자로 『불교』지 발행인이기도 한 퇴경 권상로(1879~1965)였다.

황의돈은 조선불교소년회 창립 축사를 지어 축하한 인연으로[10] 1927년 임원진 개선 시 최남선, 황병라, 박팔양, 권상로 등과 함께 고문에 위촉되었다.[11]

시내 수송동에 잇는 죠션불교소년회에서는 22일 하오 4시부

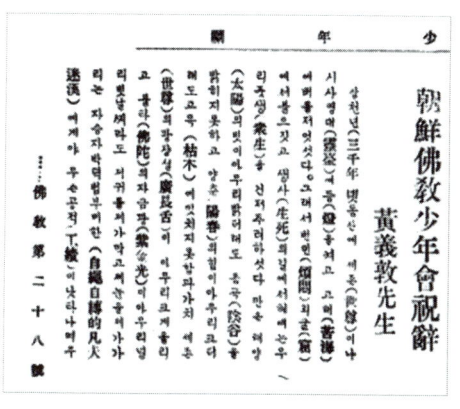

황의돈의 '조선불교소년회' 창립 축사

터 그회 회의실에서 임원회를 개최하고 제반 사항을 토의하엿다는데 결의 사항은 아리와 갓더라.

• 회원의 게 『하모니가』 보급에 관한 건 • 강습원 설립의 건 • 아동교양 문제의 관한 건 • 전조선불교소년회 연합회 발기의 건 • 자선회慈善會 개관의 건 • 경비에 관한 건 • 총무 개선에 관한 건 • 웅변대회에 관한 건 • 고문과 임원은 여좌如左함.

고문 : 최남선, 황병수, 한위건, 박팔양, 현진건, 권상로, 박창하, 박긍환, 황의돈, 유선장.

임원 : 한영석, 철해선, 김덕성, 이운영, 차형식, 조영.

1926년 종단 중앙 차원에서 발족한 조선불교소년회는 이후 일제시대 청소년 활동의 구심점이자 청소년 포교의 기원이 되었다. 1930년대 후반 그 활동이 사라지기 이전까지 조선불교소년회는 청소년 포교의 중추적인 역할을 담당했다. 소년회 활동이 미약해지기 시작한 원인은 창립 주역인 한영석이 보성고등보통학교를 졸업하고 동국대의 전신인 불교전수학교(1928~1930)에 입학하면서 구심점이 약화됐기 때문인 것으로 보인다.

이후 황의돈은 불교전수학교에서 승격한 중앙불교전문학교(1930~1940)의 학우회가 주최하는 학술 대강연에서도 강연을 하였다.

중앙불교 학우회에서는 거去 1월 27일 오후 7시부터 천도교 기념관에서 학술 대강연을 개開하야 성황을 이루엇다는데 연제와 강사는 좌左와 여如하엿다더라.
△역경계의 위대 2인(황의돈) △정신생활의 안정법(김포광) △결핵병에 대하야(윤치형) △조선어에 대하야(권덕규)[12]

1929년 5월 26일 각황사에서 조선문화와 불교라는 주제로 강연을 했고,[13] 1930년에도 같은 장소에서 '석존 강탄 축하의 불교 대강연'에서 강연을 하였다.[14]

宗報覺皇教堂에 說教及講演報告

五月二十五日(土)	維摩經弟子品	金大隱
仝二十六日(月)	朝鮮文化 와 佛教	黃義敦
六月十一日(土)	維摩經菩薩品	金大隱
仝十二日(日)	到彼岸의意義	仝人
仝十九日(土)	生命의淨化	都鎭鎬
仝十五日(土)	維摩經問疾品	金大隱
仝十六日(日)	百尺竿頭進一步	仝人

-각황사 일요강화(1929.5.26.)

황의돈은 강원도 월정사에 특강 강사로 초빙되었다. 이종욱은 1930년 7월 10일부터 1945년 광복 때까지 대본산 월정사 주지를 지냈는데 1933년 말 월정사 강원을 재건하고 그 후 백초월, 서경보, 전관응, 조지훈 등이 특강 강사로 초빙되었다.

황의돈은 1936년 「옛 자랑 새해석(5)-원효대사의 업적」이라는 주제로『동아일보』에,[15] 1938년『조선일보』에「봉은사와 그 유물」을 기고하기도 하였다.[16]

〈동아일보〉 1936.1.7. 옛자랑 새 해석: 원효대사의 업적

12장
언론계 향토문화조사
사업에 참여하여
문화유산을 정립하다

황의돈은 1938년 5월 말까지 약 19년간 보성고등보통학교 역사 교원으로 있다가 '조선역사를 가르친 혐의'로 일본 경찰에게 압박을 받았다.[1] 사직 후 황의돈은 잠시 고향에서 지내다가 1938년 조선일보사에 입사하였다.

이는 황의돈의 고희기념 사학논총에 실린 "1938년 중일전쟁이 커짐에 따라 국사·국어 교육이 왜정에 의해 금지되자 보성고등보통학교 교원을 사면하고 조선일보사 기자로 전직하여 고적 조사를 담당하였다. 왜정에 비협력자로 지목되어 경기도 경찰부 고등계에 붙잡혀 57일간 갇혀 있었다."[2]라는 그의 약력에서도 볼 수 있다.

〈조선일보〉는 1938년 1월 1일자 신년호에서 조선특산품전람회와 향토문화조사사업에 대하여 크게 보도하였

향토문화조사사업단 소개 〈조선일보〉 1938.1.1. 1938년 조선일보사가 펼친 향토문화조사사업의 편집위원들. 앞줄 오른쪽부터 황의돈, 이은상, 뒷줄 왼쪽부터 송석하, 방종현, 오른쪽 끝은 계용묵이다.

다.[3] 사업의 목적은 일제의 조선문화 말살 정책에 대항하기 위함이었다. 그 일환으로 조선일보사는 1938년 2월 16일 관련 전문 학자 13명을 주축으로 향토문화조사사업위원회를 발족하였다. 이와 함께 학자들 26명으로 구성된 향토문화조사사업 편찬위원회를 만들었는데, 이때 황의돈은 방영모 위원장을 위시하여 홍명희·이능화·손진태·김도태·오세창·최현배·이병도·이병기·송석하·문일평·이은상·방종현 등

향토문화조사사업 관련기사, 〈조선일보〉 1938. 3. 5.

과 함께 위원으로 위촉되었다.[4]

향토문화조사사업은 '동국여지승람東國輿地勝覽 사업'이라고도 불렸다. 각 지방의 역사와 문화, 인물과 민속 등을 직접 조사하여 한 도에 한 권씩 13권의 책을 간행하려는 사업이었다.

당시 편찬위원회는 향토문화조사사업의 첫 조사 지역으로 전라남도·경기도·평안북도를 선정하고 책임조사위원으로 황의돈, 이은상, 문일평을 선정했다. 이들의 성과는

〈조선일보〉에 「향토문화를 찾아서」라는 제목으로 127회 연재되었으나 이후 일제의 탄압으로 더 이상 게재되지 못하고 중단됐다.

> 1938년 1백27회에 걸쳐 연재된 「향토문화를 찾아서」는 일제시대 〈조선일보〉의 마지막을 장식하는 큰 사업이었다. 홍명희, 손진태, 이병도, 이능화, 권덕규, 이병기, 고유섭, 송석화, 황의돈, 문일평 등 당시 쟁쟁한 인사 수십명이 향토문화조사사업에 참여한 것은 세간에 문화일보라는 평을 듣고 있던 〈조선일보〉에 걸맞는 사업이었다. 1940년 일제의 탄압에 의해 폐간된 조선일보가 해방과 더불어 다시 태어나서 언론 한국학의 전통을 계승하려 노력하고 있는 것은 우리가 다 아는 사실이다.[5]

황의돈은 1938년 입사 다음 날부터 취재를 위하여 평안북도 신의주로 떠났다. 노산鷺山 이은상李殷相(1903~1982)이 3월 5일 전라남도로, 호암湖巖 문일평文一平(1888~1939)이 3월 20일 경기도로 떠난 후였다.

황의돈은 4월 한 달 동안 〈조선일보〉에 8회에 걸쳐

노산 이은상   호암 문일평

「향토문화를 찾아서-의주편」을 '신구 의주의 변천과 어가의 주필지'라는 제목으로 연재하였다. 5월에는 전남 함평에서 고인돌을 발견하였는데 당시 함평천 대동면에는 4개 마을 10여리에 걸쳐 60여개의 고인돌이 산재하였다. 이러한 사실을 「향토문화를 찾아서-함평 지석군」이라는 주제로 게재하였다. 당시 학계에서는 고인돌에 대한 관심이 거의 없을 때였다. 황의돈은 함평 고인돌은 우리 조상들의 '가공적인 묘지'일 가능성이 높다고 하였다.[6] 향토문화조사사업의 성과로 〈조선일보〉에 연재하였던 황의돈의 「향토문화를 찾아서」는 일제의 탄압으로 127회만에 중단되었다. 그러나 그 후에는 「조광」에 연재하였다.

    호암 문일평이 죽자 황의돈은 1939년 5월부터 〈조선

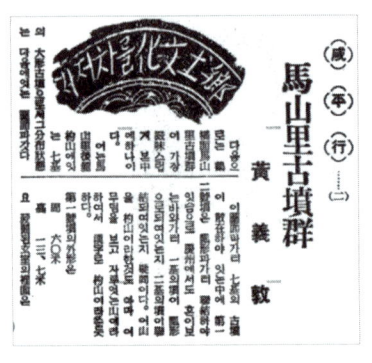

함평 「마산리고분군」 관련 기사
〈조선일보〉 1938.6.30.

일보〉가 폐간될 때까지 학습 지면에 우리 역사 속 위인들의 「역사이야기」를 연재하였다. 「천하명필 한석봉」, 「고려 명장 강감찬」, 「조선의 악성 박연」 등과 우리의 고유문화 「옛날 조선에도 축구가 있었소」, 「조선에 고유한 씨름 강서고분의 벽화」 등이 대표적이다. 〈조선일보〉가 폐간되는 1940년 8월 10일 그가 마지막으로 쓴 역사 이야기는 「세계의 보물 고려자기」였다. 〈조선일보〉에는 1938년부터 부록편으로 어린이들을 위한 일본어 학습란이 실리긴 했지만, 이병기의 조선어 공부란과 문일평, 황의돈의 「역사이야기」는 늘 함께 게재되었다.

당시 조선일보사는 사회 문화를 이끌었던 집합소이기도 하였다.

오후 4시 문일평 군을 찾다. 이병도 군이 와 있다. 같이들 나서 죽첨정竹添亭 방응모씨 집을 가다. 한용운, 이중화 군은 와 있다. 방종현, 이훈구, 함상훈도 있다. 추후追後하여 홍명희, 황의돈 군이 오다. 제주에서 가져왔다는 풍란風蘭과 한란寒蘭이 있다. 난화蘭話를 한참하였다. 2층으로 올라 술을 먹었다.[7]

- 『가람일기』 1939.3.13.

만해 한용운스님은 변절자들과 절교한 대신 일제의 온갖 회유와 협박에도 민족의 지조를 지킨 소수의 지사들과만 마음을 열어놓고 교류했다. 그 대표적인 인물이 홍명희, 정인보, 안재홍 등이다. 그 가운데 홍명희(1888~1968)는 〈조선일보〉 방응모 사장과 각별한 친구 사이였다. 한용운스님이 〈조선일보〉에 장편소설을 연재할 수 있도록 방응모 사장과의 만남을 주선해 주었다.[8] 방응모는 홍순필, 박광, 윤상태, 김적음스님 등과 심우장을 마련하는 데 일조하여 한용운스님이 머물도록 하였다.[9] 홍명희는 최남선·이광수와 함께 '동경 삼재(세 천재)'라 불렸던, 신문학 창시자의 한 사람이었다.

홍명희는 〈동아일보〉에 연재 중이던 춘원 이광수 소설의 대항마로 〈조선일보〉에 스카웃되어 소설 『임꺽정』을 장

'동경 삼재'라 불렸던 홍명희·최남선·이광수(왼쪽부터)

기 연재하였다.[10] 위의 인용된 기사에서 보듯이 만해스님은 방응모의 집에서 홍명희, 문일평, 이훈구, 황의돈 등과 이따금 어울리기도 했다.[11]

문일평은 조선일보사 편집고문으로 있으면서 위당爲堂 정인보鄭寅普(1893~1950)와 민세民世 안재홍安在鴻(1891~1965)과 더불어 조선학운동을 전개하였다. 조선학운동은 〈동아일보〉와 〈조선일보〉 등 언론 기관의 적극적 지원 속에 1934년 다산 정약용 서거 99주년 기념사업을 계기로 한국 역사와 문화의 독자성과 주체성을 탐구하고 근대 민족국가 수립의 가능성을 실학에서 찾으려고 했던 운동이다.

황의돈도 1935년 7월 17일 열린 정다산 백년기념강연

정다산 백년기념강연회, 〈매일신보〉 1935.7.16.

회*의 제1회 발명강연회에서 「활자와 거북선의 발명」을 주제로 강연을 하였다. 당시 안재홍의 「정다산선생과 조선과학」, 이윤재의 「역사상으로 본 우리의 발명」도 함께 발표됐다.[12] 이런 측면에서 황의돈이 조선학운동에 동참하였으며, 양명학에도 관심을 가졌던 것으로 알 수 있다.[13] 황의돈이 양명학에 관심을 가진 것은 당시 김택영·박은식·정인보·송진우 등과 같다. 박은식은 『왕양명선생실기王陽明先生實記』와 『유교구신론儒敎求新論』 등을 통해 양명학의 발전을 이끌었다. 그의 『왕양명선생실기』는 실천을 통해 체험한 것을 함께 서술한 우리나라 초유의 양명학 연구서이다. 정인보의 『양명학연론陽明學演論』은 양명학 연구서에서 더 나아가 조선혼인

*발명학회가 주최하고 과학지식보급회가 후원한 행사로, 중앙기독교청년회관에서 개최됐다.

'우리의 얼'을 고취하여 광복을 꾀하고자 하였다. 황의돈이 조선사학계의 별들인 최남선, 이능화, 안자산, 이중화, 문일평, 이병도 등과 교류한 것도 이 무렵이다.[14] 1939년 12월 22일 문일평의 유고를 모아 전집을 간행하기도 했는데, 이를 기념하기 위하여 모인 발기인은 다음과 같다.

> 이중화, 한용운, 백관수, 방응모, 앵주삼, 홍명희, 현상윤, 이훈구, 이광수, 권상로, 김형원, 이병도, 황의돈, 안확, 이극로, 함상훈.[15]

특히 황의돈은 이능화, 안확, 권덕규, 문일평, 이중화, 이병도 등과 학문적 토론을 하며 '7인 그룹'으로 불리기도 했다.[16]

1927년 2월 16일 개국한 경성방송국은 이후 1932년 4월 7일 조선방송협회로 명칭을 바꾸고, 1935년 7월에 경성중앙방송국으로 개칭되었다. 제1방송은 동경방송의 중계가 위주였으며, 제2방송은 방송극과 우리 문화 강좌 등이었다.[17] 다음은 당시 제2방송 라디오의 편성표이다.

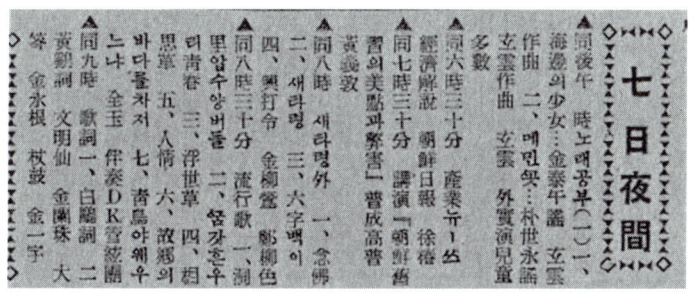

〈매일신보〉 1936.9.6. 라듸오 편성표

연도	일시	프로그램
1936년	7월 7일 8:00-8:30	취미 강연 '칠석과 전설'
	9월 6일 7:30-8:00	강연 '조선 구습의 미점과 폐해'
	9월 7일 7:30-8:00	강연 '조선 구습의 미점과 폐해'
	9월 8일 7:30-8:00	강연 '조선 구습의 미점과 폐해'
	11월 4일 7:30-8:00	박물관 주간 '사적과 박물'
1937년	10월 21일 6:30-7:00	강연 '인쇄술과 문화'
	12월 22일 1:15	취미 강연 '동지 이야기'
1938년	3월 19일 7:40-8:10	강연 '문화발상 이야기'
	3월 20일 7:40-8:10	강연 '문화발상 이야기'
	12월 22일 7:00-8:00	강연

이와 같이 황의돈이 라디오 방송에 출연한 것을 〈매일신보〉, 〈조선일보〉, 〈동아일보〉 등이 기사로 게재하였다. 황의돈은 칠월 칠석이나 동지 등 세시풍속과 인쇄술과 문화, 조선구습의 미점美點과 폐해, 문화발상 이야기 등 역사 문화를 주제로 신문, 잡지뿐만 아니라 방송에 출연하여 계몽적이고 문화사학자다운 면모를 보였다.

13장
장서가, 판본학자로서 고서를 모으고 연구하다

일제강점기 대표적인 장서가로 국문학자(이병기), 국어학자(이희승·최현배·양주동), 사학자(이병도·김원룡·황의돈·김두종·김상기), 의사(윤일선), 유학자(안인식), 서화가(김용진), 소설가(박종화) 등을 꼽을 수 있다.[1]

황의돈은 사학자로서 고서 수집에 열정을 가진 장서가이자 판본학자였다. 서울 공평동에 있는 그의 집은 온통 고서로 가득찼다. 그는 자식들에게 집에 불이 나면 먼저 들고 나가야 할 책 목록을 일러놓기도 하였다.

> 책장을 사드릴 돈이 잇스면 위선 그 돈으로 책을 사드릴 계획이외다. 사고 십허도 사지 못하는 책이 한이 업시만함니다. 힘이 잇는 대로 기회가 잇을 제마다 사고 또 사드려도 사고

십흔 책의 백분일 일도 사지 못하는데 어느 결을에 책장을 살 여가가 잇슴닛가. 방에도 마루에도 선반에도 그릇틈에도 광 속에도 그저 책이지오. 덥허노코아 아무러케나 싸어두었습니 다.[2]

    1938년 〈조선일보〉 기사에서 "고서 수집은 물론 판 본학의 연구에 흥미를 갖기 시작한 것이 30여 년이 된다."[3] 고 하였으니 1908년 무렵 중등학교 교사 시절부터인 셈이 다. 판본학은 책을 연구대상으로 하는 학문이다. 책은 물리 적 형태는 물론 내적인 내용의 세부까지 그 특징도 다양하 고 시기에 따라 변천되므로 책을 실증적 방법으로 감정하여 식별하는 것이 필요하다.

시골 두 집에 있는 책를 세여 보오니 아마 3천 권은 넘머 될 듯하외다. 그러고 그 후로도 몇백 권을 사듸렷사오나 즉금은 아마 한 사천권 쯤됨 듯하외다.[4]

서울 본가에는 대학각大學閣 서부에 없는 고서와 수십 년 동 안 한소寒素한 가온데 수집해 둔 장서 8천여 권을 창고에 두

황의돈을 판본학의 개척자로 소개한 〈조선일보〉 1938년 3월 19일자 지면.
황의돈은 이 기사가 나온 직후 조선일보사에 입사하여 폐간 때까지 재직했다.

고 노부인이 이것을 지키고 있는데 무지한 적군의 폭행으로 장서 피해 여부가 매우 걱정된다 하며 책을 사랑하는 노학도의 얼굴에는 비조悲調와 무량한 회포가 나타났다. 우리나라의 역사 지보至寶가 전진戰塵 속에 파묻혀 있는 고충을 시민 전체가 경의를 아끼지 말 것이며 보성 동창생은 본사에 연락해 주기 바란다고 한다.[5]

통문관의 주인 이겸로는 황의돈의 고서 수집을 이렇게 회상하고 있다. 즉, "해원의 장서 대부분은 일제강점기 일경들의 눈총을 맞으며 가난을 무릅쓰고 암암리에 민족정신을 간직하기 위해 수집한 것이다. 일제 치하에서 우리 문화재를 보호하기 위한 무언의 한 편법으로 거의 일생 동안을 갖가지 고난과 싸우며 온갖 정성과 심혈을 기울여 모은 것으로, 눈에 보이지 않는 애국애족정신의 결정체라고 할 수 있었다."라고 하였다.[6] 다음은 이병기의 『가람일기』에 기록된 황의돈의 고서 수집관련 사실이다.[7] 이에 따르면 많은 고서 가운데 황의돈이 진장으로 여긴 책들은 다음과 같다.

씨의 가장 진장眞藏으로, 『제왕운기』는 고려판으로 한 칠백여

년 되는 것이라고 한다. 이 책의 진귀한 소이는 인쇄술 사상의 고전이란 의미도 잇거니와 그와 동시에 이 책이 역대 제왕사帝王史를 운문으로 기록된 것이므로 단군사나 발해사 가튼 데서 이때까지 미심하든 점이 천명된 것이 만타고 한다.

그 다음으로 남송판인 『완염집琬琰集』이라든지 조선 최초의 활자판 『류문柳文』 전질이 모두 본래 판본학이라는 것이 송판을 중심으로 해서 성립된 학문만큼 판본학자들이 송판을 제일 진중히 알아오나 조선에서는 송판이 흔하지 못해서 더 귀중하다고 하며, 더구나 활자판인 『류문』은 구텐베르히가 활자를 발명한 서력 1485년 보담 6년이나 압서서 출판된 것이니, 이것은 적어도 세계 인쇄사상 특서特書될 만한 것이라고 한다.[8]

위의 책 중 『제왕운기』는 〈조선일보〉에 수록된 「역대흥망歷代興亡의 일편시사一篇詩史；소명정확昭明正確한 제왕운기帝王韻紀」이다.[9] 『동안거사집』은 일본 사학자 나카무라 히데타카中村榮孝(1902~1984)[10]가 언급했듯이 경북 안동에 사는 배모씨 소장으로 조선 선조 때의 학자 배삼익裵三益(1534~1588)의 장서였다.[11]

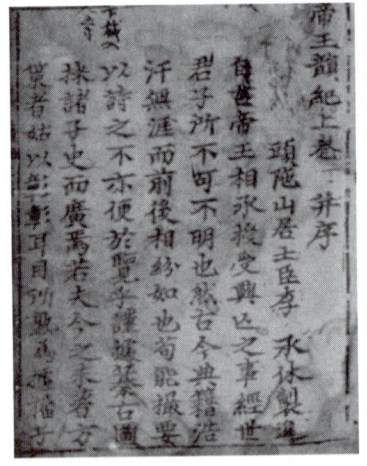
「제왕운기」

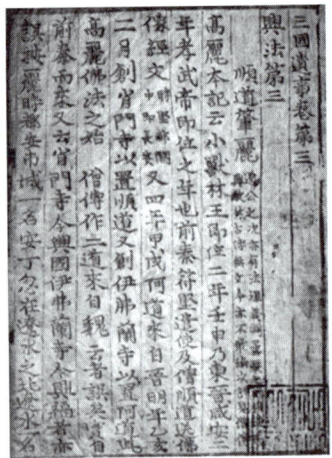
「삼국유사」 정덕본

6.25전쟁으로 한때 행방불명이 되었던 황의돈 소장 『삼국유사』(보물제419호)는 현재 서울대 도서관(규장각)이 소장하고 있다.[12] 1512년(중종7) 경주부윤慶州府尹 이계복李繼福이 중간重刊 한 목판본 『삼국유사』는 2003년 4월 국보 제306호로 지정되었다. '중종中宗 임신본壬申本', 또는 '정덕본正德本' 이라고도 하며, 현전하는 완질본 중에서는 간행 시기가 가장 오래된 것이다.[13]

서지학자 천혜봉 교수(성균관대)는 사학자 황의돈이 『양휘산법楊輝算法』을 소장했었다고 했다.[14] 『양휘산법』은 중국 남송시대 수학자 양휘(1238~1298)가 지은 것이다. 또 황의돈이 『대원군일록大院君日錄』이라는 대원군 피납일기 수사본을 편집해 놓은 것을 이선근이 진단학회의 『한국사-최근세편[15]』에 인용한 바 있다.[16] 가람 이병기의 『가람일기』에서 확인되는 황의돈의 고서 수집 및 교류에 대한 기록은 다음과 같다.

> 1932년 9월 7일 오후 4시 이병도 군과 같이 팔판동 황의돈 군을 찾아가, 고서-남송판 초당시전草堂詩箋(杜詩) 낙질, 고려판 이상국집 이태조 4년 판 대명률, 초판 두시언해 낙질을 얻어 보고 술도 먹고 두시언해 한 책(16·17권)을 빌려 가지고 돌아왔다.

> 1933년 1월 22일 맑다. 황의돈 군 집을 찾아가 두시언해를 환완還完하고 문흥회文興會에 가 속악가사 한 권을 애류를 주었다.

> 1933년 9월 3일 종일 비. 아츰에 황의돈 군을 찾아보고 두시

언해 세 권을 얻고 누판고鏤板考를 찾아오다.

1935년 1월 19일 맑다. 황의돈 군 집을 가 보다. 용비어천가 초권(제1, 2합)을 구해 놓았다. 정음체正音字體나 한자체趙松雲體로 든지, 지질과 그 각법刻法으로 든지 보아 그 원판본임을 알겠다.

1935년 1월 22일 맑다. 실내 온도, 섭씨 4도. 한란 두 줄기에 각각 세 숭어리가 피었다. 황의돈 군 집에 가서 용비어천가 초권初卷, 2권 합 1책 20원에 사 오다. 첫머리에는 서문(5장 가량)과 전문의 1장 반과 원문 첫 장의 반쪽이 떠러졌고 2권 끝의 5장 가량이 떠러졌다. 그리고 뒤 껍질 안쪽에는 만력 13·14년이라는 책력 조히쪽이 부해 있으나 이는 지색紙色이 그 밑의 것과 다름으로 보아도 훨씬 그 나중에 부친 것임을 알겠다. 어떤 이는 이걸 보고 만력 때 간행된 것이 아닌가 하나 이런 것만으로는 그리 믿을 수 없다. 속을 펼치고 보면 조히 빛도 그다지 바래지 않고 지질도 그다지 이상하지 않았다. 그러나 누렇고 낡어진 품이며 서법, 각법체의 치한 품이 분명한 원판본이다.

1936년 12월 25일 흐리다 말다가 한다. 황의돈 군을 찾아보고 두시언해 7·8권을 환완하고 금옥총부 주옹만영(사본)을 얻어오다.

1939년 5월 17일 맑다. 문장사文章社를 단여 대동출판사에 가다. 이관구 이병도 황의돈 송신용 군과 가치 이성의李聖儀 집 책을 보다. 진귀한 것도 있다.

이겸로(1909~2006)[17]의 증언에 의하면 황의돈이 보유한 책 중에서 가장 중요한 것은 1971년 8월 31일 보물 제551호로 지정을 받은 『시용향악보』와 초간 『두시언해』 을해자본乙亥字本 몇 권 등이다. 현재 황의돈 장서의 흔적은 동국대 중앙도서관 해내문고海內文庫 2,000여 권[18], 충남대 도서관[19] 1,200여 권, 독립기념관 등에 남아 있다. 제자 김상기는 1931년 일본 와세다早稻田대학 사학과 유학 중 잠시 귀국했을 때, 황의돈이 판본학에 대한 첫 귀를 트이게 했다고 말했다.[20]

이처럼 황의돈은 판본학의 발전을 위해 교육을 하였을 뿐만 아니라 고사본古寫本 혹은 고판본古板本 연구의 발전을 위해 김두종, 이겸로, 민영규, 이병기, 이병도와 함께 한국서지학회[21]에 참여하였다. 1959년 11월 27일에 「송판본에 대해서」를 발표[22]하는 등 고서 및 판본학 연구에 노력하였다.

산기 이겸로   동빈 김상기

14장
오대산에 입산하여
방한암 선사 아래서
선을 수행하다

〈조선일보〉가 폐간되자 황의돈은 조선일보사를 그만 둔 뒤 국사 연구에 몰두하다가 1942년 오대산 상상봉 서대에서 방한암 선사의 지도 아래 참선 생활에 들어갔다. 〈조선일보〉 폐간 직후인 1940년부터 2년여 기간은 고향에서 지낸 듯하며 오대산으로 입산하기 전에 사료를 고향에 옮겼던 듯하다.

> 1942년 사료를 고향에 이장移葬하고 피세 은거키 위하여 방한암 선사 지도 하에 오대산 상상봉 서대암西始庵에서 공양주 비구 1인을 데리고 참선생활을 시작하였다.[1]

황의돈은 친족 황광연을 데리고 서대에 머물렀다. 그

때 한암스님을 모셨던 문열이라는 스님에 대한 누군가의 기억 속에 서대에 머물던 황의돈의 이야기도 언급된다.

> 그때 오대산에는 우리나라 불교 조계종 초대 종정이신 방한암 스님이 계셨을 뿐만 아니라 왜정 식민시대 말기로 사상적으로 피신하는 사람, 병역과 징집 기피자 등이 후미진 곳에 은신하고 있었던 것 같았다. 그들 중 우리나라 역사학자로 유명한 황의돈 선생은 오대산 중에서도 가장 후미진 서대西臺에서 2년 여를 은신하고 있었다.
> 밤이면 가끔 그 깊은 산중을 찾아온 형사들이 절 경내를 돌아다니곤 했다. 뿐만 아니라 낮에는 일본인 고관들이 한암스님을 찾아왔다. 그들은 한암스님 앞에서 불교의 교리라든가 인생 문제 등을 물을 뿐 깍듯이 예의를 갖추었다. 그리고 때로는 일본 불교의 고승들이 찾아와서 선문답을 하기도 했다. 그들 일본사람과의 통역은 문열이가 하였다. 왜정 말엽 우리나라 소학교에서는 조선어 교과서가 없어진 지 이미 오래일 뿐만 아니라 일체의 우리 나랏말을 할 수 없었다. 그래서인지 문열이는 일상생활에 필요한 일본말을 불편없이 구사할 수 있었다.[2]

문열은 권태조(權泰錯,태호)다. 그는 1941년 1월 15일(음력) 상원사에서 김희태(金喜泰) 스님을 은사로 지암(智庵) 이종욱(李鍾郁, 1884-1969)스님을 계사(戒師)로 모시고 문열(文悅)이라는 법명(法名)을 받았다. 그리고는 문열은 불교계의 거성(巨星)인 법사와 계사 그리고 당대의 고승이신 한암스님을 시봉하였다.

방한암 선사는 1925년 오대산 상원사에 들어와 입적하던 1951년까지 27년간 산문 밖을 나가지 않았다. 1941년에는 불교계의 중앙통일기관으로 설립된 조계종의 초대 종정을 역임하였고, 1948년에는 조선불교 제2대 교정에 추대되었다.

방한암 선사

역사가 황의돈 선생이 탄허스님에 대해 말하기를 "처자를 두고 와 (입산해), 그래 『장자 남화경』을 외우고 있어"라고 격찬했다고 해요.[3]

한암의 제자 탄허스님은 출가 후 한때 3년간 묵언·참선의 용맹정진으로 수행을 하기도 했으며 15년간 오대산 동구 밖을 나오지 않았다. 1950년대에는 월정사 조실로 있으면서 오대산 수도원 원장으로 스님들을 지도했다.

문경 의병장 박영발 선생의 손자, 일찍이 만해스님의 기개를 무릎 꿇고 배웠던 설산스님에게 학병 지원은 조상과 불교와 조선을 욕되게 하는 일에 다름 아니었다. 설산스님이 머리를 깎은 지 얼마 안 되었을 때, 선학원에서 만해스님을 가까이 뵈었다. 이때의 일화는 독립운동가 만해스님의 면모를 상징적으로 보여주는 것으로 전해진다. 이 일을 설산스님은 『뚜껑 없는 조선 역사책』에 남겨두었다.
은사 스님(의산스님)과 함께 안국동 선학원에 가니 만해스님은 마침 점심공양을 남전스님과 겸상으로 받고 계셨다. 은사 스님과 나를 위한 겸상이 들어왔다. 나는 밥그릇을 상 아래 내려놓고 주발 뚜껑에 반찬을 몇 가지 옮겨놓고 약간 돌아앉아 먹었다. 공양이 끝난 다음 차를 마시는데, 남전스님이 골난 사람처럼 일어서서 휙 나갔다. 은사 스님이 차 드시기를 권했으나 대답도 없이 자기 방으로 휑하니 가버렸다. "어린 사미인 준용이만도 못한 비구로군." 만해스님의 말씀이다. 나중에서야 그 때의 사연을 알게 되었다.

남전스님이 어느 말끝에 일본 양반이라고 실언을 하신모양이다. 그 때 만해스님이 "황의돈이가 말끝마다 일본 양반 일본 양반 하더니 남전도 왜인에게 양반 대접을 해"하며 벌컥 화를 내셨다고 한다.[4]

설산(1919~2007)스님은 1938년 오대산 상원사에서 한암 선사를 모시고 4년간 수행하였다. 해방 후 조계종 총무원장인 청담스님의 가르침을 받은 제자이다. 정토사 주지, 배달문화선양회와 설산장학회 회장을 역임하였으며, 저서로는 『명산고찰따라』, 『뚜껑없는 조선역사 책』이 있다.

남전과 그 제자 석주 그리고 만해 한용운

백악산인白岳山人이라고 불릴 만큼 민족정신이 강했던 남전南泉 한규翰奎(1868~1936)스님은 생존 당시 일본 경찰의 감시 대상이었던 만해 한용운스님에게 선뜻 선학원의 방을 내주었다. 남전스님은 일하면서 수행하는 것을 승려의 본분으로 삼았으며, 대표적 제자로는 근현대 한국불교의 큰 족적을 남긴 석주昔珠 정일正一(1909~2004)스님이 있다. 석주스님은 1923년 여름 남전스님을 은사로 출가한 후 서울 선학원에서 행자생활을 할 때 만해스님을 처음 만나 가까이서 가르침을 받았다고 한다.

황의돈은 오대산에 머물면서 광복을 맞이하자 그 벅차오르는 기쁨을 시 '축독립'을 지어 축하하였다.[5]

15장
미군정기 문교부 편수 사업에 참여하여 국사교육의 틀을 잡다

해방 이후 황의돈은 미군정 학무국 편수관으로 활동하였다.[1] 학무국이 임명한 최초의 역사 편수관으로서 국사교육 재건의 핵심역할을 하였다.[2] 당시 편수국장은 외솔 최현배(1894~1970)였다.[3]

1945년 해방 후 국사 교육의 최대 과제는 일제 식민사관의 극복이었다.[4] 미군정 학무국 조선교육심의회에서 주도적인 역할을 하였던 오천석(1901~1987)은 편수국 고문관 앤더슨(P.S. Anserson) 등과 더불어 사회생활과의 도입을 적극적으로 찬성하였다.[5]

크게 교육 내용이 달라지는 것도 아니고 그저 지리 역사 공민을 합쳐서 미국식을 본떠 보려고 하는 사회생활과라는 과목을 둔다면 이것은 우리의 역사를 팔아먹는 것이나 다름없다. 순수한 우리의 것이 외국의 것을 수입해서 잡탕을 만들려고 하느냐? 나는 국사를 팔아먹지 못하겠다.[6]

당시 미군정 학무국 편수관으로 있던 황의돈은 고석균과 함께 사회생활과의 도입을 반대하였다. "사회생활과가 국사와 성격이 다른 지리 공민을 함께 가르치는 것은 교육에 유용하지 않다."는 입장이었다. 황의돈은 미국의 학제를 무비판적으로 수용함으로써 한국사 교육의 정체성이 위협받는 것을 경계하였던 것이다. 이 때문에 사회생활과의 도입 취지를 새교육 운동의 이념으로 보았던 오천석, 이상선, 이봉수(지리), 신동엽(역사) 등의 지지론자들과 대립하였다. 미군정은 반대 여론에도 불구하고 중등학교 교수요목을 공포하기에 앞서 국민학교에 사회생활과를 도입하였다. 그리고 1946년 12월 7일부터 국민학교에서 시범적으로 사회생활과를 가르쳤다.

황의돈은 신동엽, 사공환과 함께 교수요목 제정위원회에 위원으로 임명된다.[7] 교육 과정을 만드는 것은 역사편수관으로서 해야 할 업무였다. 그러나 황의돈은 제정된 교수요목에 따라 간행된 초등학교 6학년 사회생활과 국사 교재인 『우리나라의 발달』 집필에는 끝내 참여하지 않았다. 그리고 미군정의 교육정책이나 다른 편수관들과 의견을 달리하기 시작하였다.[8]

그 무렵 황의돈은 대중과 청년 대상 교육에 큰 관심을 가지며 국립도서관 사업회에서 주최한 해방 기념 제1회 조선문화대강좌에서 '역대 서도書道의 변천'을 주제로 강연을 하기도 했다.

> 조선교육괘도협회朝鮮教育掛圖協會에서는 황의돈 씨의 오대산 입산을 기회로 12일 오후 1시부터 동씨를 초빙하여 서울 종로 기독청년회관에서 국사 강연회를 개최하기로 되었다.[9]

조선교육괘도협회는 국민학교와 중학교에서 학습할 교육 자료를 모아 편찬하는 기구였다. 그 첫 사업으로 중등용 『국사교본』에 근거하여 국사괘도를 만들고 이를 설명한 교사용 도서를 준비하였다.[10] 그로부터 두 달 후인 1945년 9월 일제강점기 동안 교재로 사용되었던 『중등조선역사』를 일부 수정하여 『중등국사』로 간행하였다. 이병도와 김상

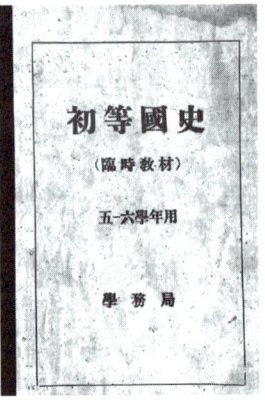

『중등국사』　　　　　　『초등국사』

기가 진단학회의 이름으로 『국사교본』을, 황의돈[11]이 『초등국사』를 집필하였으며, 이 두 책은 해방 이후 오랫동안 국사교육에 영향을 크게 끼쳤다.

요즈음 자재 인쇄 관계로 교과서 출판이 늦어지고 있어서 걱정이 되는 바인데 학무국 편수과에서는 갖은 노력을 다하여 이미 『한글 첫걸음』과 『국어교본』 상권을 내었거니와 이번에 계속하여 황의돈 편으로 『국사 초등용』을 만들어 이미 각 군에 한 권씩 보냈는데 이는 각 군 학무계에서 프린트를 해서

적당히 배부하게 되었으며,[12] 초등학교용 국사는 5·6학년 고학년에만 교수하는데 이 교과서도 목하 황의돈, 이병기 양씨가 중심이 되어서 편찬 중으로 오는 9월 신학기부터는 사용하게 된다고 한다. 초등학교 아동에게 조선 역사를 가르치기는 20여 년만의 일이며 국사 교수의 중대성에 비추어 편찬에 만반의 세밀한 주의로 임하고 있다. 5학년 용은 단군에서 고려 말까지 약 3800년 전이고 6학년 용은 이씨조선 500년간이다.

후편에서는 일본이 침략하야 독립운동을 일으키든 당시와 해방까지의 경위를 특히 밝히어 소년 소녀로 하여금 민족의식을 앙양시키자는 것이 눈에 띄운다. 두 권 모다 150페-지 가량이므로 이미 반 이상은 완성되어 3월 말까지는 탈고하야 5월 중에 조선교학도서 회사로 하여금 인쇄케 할 터인데 문제는 아주 쉽게 한글 횡서로 되어 잇다. 현재는 임시조치만으로 각 국민교 5·6학년은 프린트를 사용하고 잇다. 중등학교 국사는 진단학회에서 편찬하야 인쇄중임으로 머지안어 배부되어 사용하게 될터.[13]

황의돈은 교원교육 강습회를 담당하였다. 군정청 학

무국과 경기도 학무과에서는 전국 초중등 교원 대표자를 모아 국어, 국사, 공민 등의 교육이념, 교육제도, 교과서 내용 및 각 교과서의 편찬 취지와 취급법 등을 재교육 시키는 강습회를 시내 수송국민학교에서 개최하기로 하였다. 1945년 12월 21일부터 31일까지 국어, 국사, 공민의 강사는 황의돈과 장지영, 최재희, 이호성이었다.[14] 아울러 학무국과 경기도 학무과 공동주최로 중등교원 강습회를 1946년 1월 9일부터 18일까지 10일간 정동정 경기여고에서 개최하였다. 국어과는 최현배·이극로·김윤경·장지영, 국사과는 황의돈·신석호, 공민과는 안호상·김두헌·유진오·최재희였다.[15]

> 개교 처음 2주간은 매일 4시간씩 다음과 같이 국민강좌를 실시하였다. 그때의 청강생은 전 교직원과 학생 전원이었고 과목과 강사는 다음과 같다. '우리 문화사'(황의돈 문교부 편수관), '국사 개요'(김득중 교유), '한글 철자법 및 일상회화'(진서림 교유), '애국가와 기타 창가'(김광수 교유)[16]

이후 황의돈은 1947년 7월 22일 『대조선국민사』를 편찬하기 위해 오대산에 입산하였으나 미완에 그친 듯하다.[17]

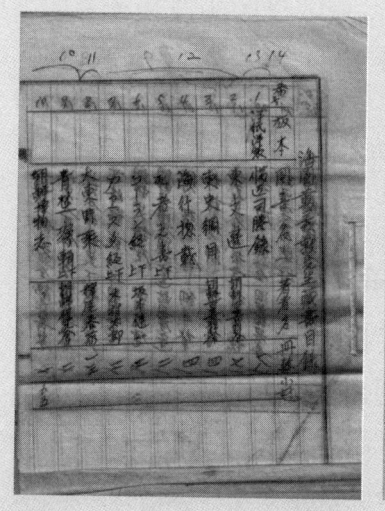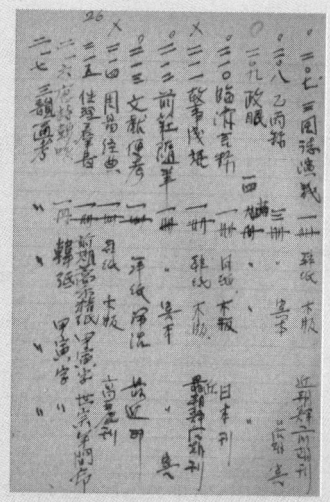

황의돈의 작업 대상 역사서 목록

16장
충무공 이순신 영정과 서울시 새 가로명을 제정하다

　황의돈은 국사의 중요 사안인 충무공 이순신의 표준 영정과 서울시 새 동명과 가로명을 제정하는데 참여하였다. 충무공의 동상과 영정은 전국 20여 개에 이르는데 모두 고증의 결함이 있다. 근세에 제작된 영정 중 최초의 영정은 1932년 동아일보사가 주도한 현충사 건립 시 이상범(1897~1972)이 그린 것이다.

　1950년 4월 문교부가 충무공기념사업회와 함께 공인했던 김은호(1892~1979)가 그린 영정은 충무공을 시종하였던 스님이 그린 그림(별교본筏橋本)을 모본으로 삼았다. 이는 황의돈을 비롯한 최남선, 이병도, 이은상, 변영만, 박종화, 정인보, 손진태 등이 서애 유성룡(1542~1607)의 『징비록』의 기록을 참고한 가운데 고증을 거쳐 공인하였다.[1] 그런데 1970

 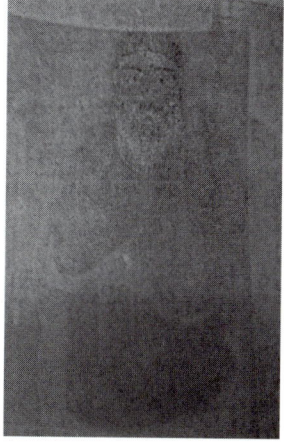

충무공 초상화에 대한 기고문, 〈경향신문〉 1970.9.15.

년 9월 15일자 〈경향신문〉에 김동권 체신遞信 공보 담당관이 충무공의 초상화에 대하여 다음과 같은 기고문을 실었다.

황의돈의 『중등조선역사』(삼중당·1945)에 이순신의 초상화가 수록되어 있었다. 이 초상화는 당시 마산에 거주하는 충무공 14대손 이응렬 씨의 엄친 이종욱 씨가 이 씨 가전으로 보관하고 있던 것을 황의돈이 빌어서 책에 실었던 것이다. 초상화의 원본은 전남 고흥 녹동 쌍충사雙忠祠에 보관된 것으로,

충무공의 막하 승려가 그린 것이라고 한다. 황의돈이 "(이순신의 초상화에 대해) 좌상坐像인데 그 좌고坐高가 그리 크지 않더라."라고 하였다는 것이다. 초상화 원본은 일제강점기에 일본인들이 소각하였고, 『중등조선역사』에 실린 초상화 사진도 서울에 있는 모학교 미술교사가 황의돈에게서 다시 빌려갔는데 이 사람이 6·25전쟁으로 행방불명 되면서 없어졌다고 한다.[2]

그리고 황의돈은 서울시 주요 가로명을 제정하는 데도 참여했다. 초대 서울시장이었던 김형민을 필두로 '가로명제정위원회'가 구성되었다. 도심에 12개 도로가 있는데 그중 6개 도로는 종로, 신문로, 태평로, 남대문로, 의주로, 한강로라는 새 도로명을 갖게 되었다. 나머지 6개 도로는 민족정서를 고려해 우리 역사에 길이 남아야 할 위인 중 선정하여 세종로, 충무로, 을지로, 충정로, 퇴계로, 원효로라는 도로명을 붙이게 되었다.

1946년 경성부가 서울특별시로 승격한 지 한 달 남짓해서(10월 2일) 서울의 일본식 동명이 한국식으로 고쳐졌다. 정町은 동洞으로, 통通은 로路로, 정목丁目은 가街로(유억겸 제안) 바로 잡혔고 본정통(충무로), 황금정통(을지로), 원정(원효로) 등의 왜색 이름이 폐지되었다.

새 동명 제정에는 김형민(당시 시장), 김도태, 황의돈(사학자), 유억겸(당시 문교부장) 등이 참여했으며 황의돈이 세종英主, 을지(무인 대표), 원효로(종교 대표)를, 김형민이 충무(무인 대표), 퇴계로(학자 대표)를 제안했었다. 이준 열사, 안중근 의사도 선열 대표의 후보로 등장했지만, 순국선열의 최초 인물로서[3] 충정(민영환)의 충정로(죽첨정竹添町)가 선정되었다.[4]

위의 기사에 의하면 경성부가 서울특별시로 승격한 지 한 달 남짓 지난 1946년 10월 2일에 서울의 일본식 동명이 한국식으로 고쳐졌다. 유억겸 문교부장의 제안으로 정町은 동洞으로, 통通은 로路로, 정목丁目은 가街로 명칭을 바로 잡았다. 그리고 새 동명 제정에는 김형민과 김도태, 황의돈(사학자), 유억겸(문교부장) 등이 참여하였다. 이에 따라 본정통本町通은 충무로, 황금정통은 을지로, 원정은 원효로, 죽첨정竹添町은 충무로 등과 같이 왜색 이름이 폐지되고 새 동명으로 변경해 제정되었다. 여기서 황의돈이 세종로, 을지로, 원효로를, 김형민이 충무로, 퇴계로를 제안했었다.

일본식 동명의 한국식 변경 관련 기사, 〈수산경제신문〉 1946. 10. 4.

당시 위원회에 참여했던 황의돈의 회고록을 살펴보면 "세종로는 우리나라 문치의 위인으로서 민족의 태양과 같은 세종대왕의 이름을, 충무로는 무인으로서 위훈을 추모하는 충무공을, 을지로는 육군의 대표 인물인 을지문덕을, 원효로는 불교의 대표 인물인 원효를, 퇴계로는 유학계의 대표 인물인 이퇴계를, 그리고 충정로는 순국선열 민충정공 등을 기리기 위함이다."라고 6명의 위인을 선정한 이유를 밝히고 있다.[5]

17장
이범석의 족청 임원과
김구의 건국실천양성소
강사를 하다

황의돈은 대한독립촉성 전국청년총연맹이 주최하는 훈련강습회에 참여하였다. 이를 통해 청년 지도자에게 건국이념과 지도 원리를 함양시키고자 하였다. 다음은 1946년 6월 1일부터 2주 동안 진행된 청년 지도자 훈련 강습회에 관한 〈동아일보〉의 기록이다.

대한독립촉성 전국청년총연맹에서는 전국 청년 지도자에게 건국이념과 지도원리를 함양키 위하야 6월 1일부터 2주일 동안 시내 장곡천정 연무관에서 청년 지도 훈련 강습회를 개최하기로 되었는데 연제와 강사는 다음과 같다.

국민윤리: 최규동·김법린·안호상·김승설·김효석·장면

국사: 정인보, 황의돈, 이선근

국문: 이극로·정렬모

정치: 조소앙·안재홍·장덕수·고영환

경제: 손봉조·이순택·홍상하·김한용·나경석

시사: 설의식·함상훈·오종식·이강훈·이정규·김재현[1]

    이 강습회는 청년들에게 국가와 사회정신을 심어주기 위한 분야를 중심으로 진행되었다.

    또 황의돈은 1946년 10월 9일에 이범석을 단장으로 발족한 조선민족청년단의 이사로 참여하였다.[2] 당시 이범석, 이준식, 노태준 등 광복군 제2지대 출신들을 중심으로 최규동, 현상윤, 백낙준, 김형원, 김활란 등 주로 미군정과 가까운 대학 총장 및 언론인이 참석한 가운데 조선민족청년단의 발기인회가 개최되었다.[3] 이 자리에서 발기인 회장인 이범석이 단장으로 선출되었으며, 강욱중 외 36명의 전국위원과 김웅권 외 11명의 상임이사가 선출되었다. 이로써 사단법인 조선민족

철기 이범석

청년단(족청)이 창단되었다.[4]

　　조선민족청년단은 미군정 시기 최대의 우익 청년조직이었으며, 미군정의 정책 실현에 실질적인 역할을 했다.[5] 조선민족청년단에서는 청년훈련생들이 한국의 문제를 잘 파악하여 지도력을 발휘할 수 있도록 교육하였다. 이를 위해 경제, 통치, 역사, 사회학, 국제관계사 등이 주요 과목으로 편성 운영되었다.[6]

　　황의돈은 독립전선(민주주의독립전선준비위원회)의 상무위원으로도 활동하였다.[7] 독립전선은 1946년 좌우합작운동 시기에 결성된 중간파 또는 제3세력의 연합체로, 민족의 자주독립을 쟁취하려는 모든 혁명적 정당 단체와 애국자들의 총집결을 호소하면서 조직되었다. 독립전선은 이극로(1893~1978)와 조봉암(1898~1959)의 주도 하에 결성되었고 좌우합작위원회에 참여하지 않았거나 좌우합작위원회의 성공에 회의적이있던 군소 민족주의 계열의 정당이 참여했다. 독립전선은 하나의 노선과 강령에 의해서 움직일 수 있는 강력한 조직은 아니었다. 그러므로 언제든지 이합집산이 가능했다.

　　황의돈은 1945년 12월부터 1947년 1월까지 한국독립

靑年運動의 新展開期必

李範奭將軍 中心 發起人會 開催

朝鮮靑年民族團

조선청년의의 서울그룹에서 李範奭장 기와 역량운동군은 중심요로 발기인회 일집중하며 ㅁ을 열엇는데 당인 선인되 운동을 시대에 단장과 상임리사는 다음 작합케하야색 파갓다

년운풍은 전국 로운방석의 청 소團長李範奭△常任理 部金雄權, 金炯元, 金 活潑, 盛泰俊, 李基 李範奭, 朴柱秉, 白樂 濬, 薛磷, 崔奎東, 南

민족청년관손도의어 일정오 시내 종모일정목 議敦, 玄相允

조선민족청년단 발기인회 개최 관련기사, 〈자유신문〉 1946.10.2.

당 당무위원인 민족문화교육행정 특보위원을 하였다. 한국독립당은 1930년 1월 25일 중국 상해上海에서 민족주의 계열의 인사들이 창립한 독립운동 단체이자, 광복 이후 건국운동에 참여하고 제1공화국 때 몰락하였다가 1962년에 재건된 보수정당이다.

  1945년 11월 23일 임시정부 당원들과 함께 환국한 한국독립당은 백범 김구(1876~1949)를 중심으로 국내에서의 기반을 확충하고 강화하여 이듬해 1월 전국적인 반탁운동에 앞장섰다. 그해 2월 1일 임시정부 명의로 비상국민회의를 소집하고 과도정권 수립을 위한 준비에 착수하였다.

  한국독립당은 이를 계기로 대중적 기반을 확대 강화하는 노력을 전개했는데, 그 일환으로 1946년 3월 한국민주당·조선국민당·신한민족당과의 합당을 추진하였다. 그러나 한국민주당과의 연합에는 실패하고, 4월 18일 조선국민당, 신한민족당과의 3당 합당에 성공하면서 한국독립당이라 명명하였다. 이에 따라 당내 조직 및 인사개편이 단행되었지만 주도권은 구 한국독립당 계열의 임시정부 요인들이 장악하였다. 이러한 상황이 지속되면서 후일 조선국민당계와 신한민족당계의 반발을 사게 되었고, 우사 김규식金奎植

(1881~1950)을 비롯한 몇몇 요인들이 당을 이탈하는 결과를 초래하기도 하였다.

황의돈은 1946년 4월 2일 해방 후 긴급한 식량문제를 해결하기 위해 구성된 식량대책시민위원회의 준비위원으로도 활동하였다.[8] 1947년 2월 김구가 주도한 건국실천원양성소 개소 기념 강연회에 안호상, 손진태, 이선근, 장덕수 등과 함께 초청되어 국사를 강의하였다.[9] 건국실천원양성소는 김구가 자주독립국가 건설에 필요한 인재 교육을 위해 설립한 임시 교육기관이었다. 초빙된 강사들을 보면 기성회

백범 김구

부터 참여했던 진승록, 안호상, 김석길 등과 설의식 등 언론계 인물 그리고 정치계 인사인 장덕수 등도 참여하고 있다. 정치·법학의 민병태·이선근·변영태, 경제학의 김순식·김의수·조기준, 역사학의 황의돈·손진태 등 주요 대학 교수들도 함께했다. 안호상과 황의돈은 족청과 관련된 인물이었고, 이선근은 대한독립촉성전국청년회에서 활동하던 인물이었다. 이들은 청년단체에서 활동하던 경험을 살려 건

식량대책시민위원회 준비위원회 개최 기사, 〈동아일보〉 1946.4.4.

국실천원양성소의 목표인 '독립투사의 유기적인 조직'을 위해 노력하였다.[10] 그 가운데 황의돈은 마명거사 정우홍鄭宇洪(1897~1949)을 해방 직후 김구의 주최로 경영하는 건국실천원양성소 개소식장에서 처음으로 만나서 우연히 의기가 통하였다.[11]

18장
부산 범어사 금어선원
하동산 선사를 찾아
선을 수행하다

황의돈은 오대산, 범어사, 용주사, 망월사, 백운암 등 사찰에서 참선과 역사를 연구하였다. 동시에 1947년 5월에는 불교거사림 결성준비위원회에 참여하였으며, 7월에는 불교거사림 결성창립총회 개최 발기인으로 동참하였다.

한국불교거사림은 1947년 창립된 불교 신행단체로, 우리나라 최초 거사居士들의 모임이다. 설립 목적은 부처님의 혜명慧命을 받들어 신행 정진에 힘쓰고 불법佛法을 널리 펴며 회원 상호간의 친목을 도모하는 데 있다. 이에 황의돈은 조소앙·유림·변영만·김범부·전진한·정우영 등과 함께 발기인으로 동참했다. 한국불교거사림은 서울 충무로3가에 위치한 호국역경원護國譯經院에서 창립했으며, 그해 8월 시공관市公館에서 개최한 제1회 불교사상강연회를 시작으로 매월 강연회를 가졌다.

> 이로부터 1964년 이 사바세계를 떠날 때까지 시간이 나는 대로 용주사, 망월사, 오대산, 백운암, 범어사 등에서 도합 1만 8천 시간이 넘는 참선 생활을 쌓아 올렸던 것이니 이 같은 체험과 믿음에서 그의 역사관도 나올 수 있었다.
> 항상 겸허하며 평면적이었고, 특별히 옷차림이나 몸단장에 관심이 없이 안빈낙도하면서 주로 한복을 입고 염주를 지니고 다니던 그 모습은 그야말로 구도자의 그것이었으며 해탈자와 같았다.[1]

황의돈은 6.25전쟁이 발발하자 1951년 1월 9일 재차 피난길에 올랐다. 마산에 도착한 그는 무학산 완월동에 있는 보광사普光寺에서 체류하였다.[2] 그후 황의돈은 범어사로 가서 머물렀다. 미술평론가 한면자寒眠子 석도륜昔度輪(1923~2011)의 추념사에서 황의돈의 그러한 면모를 읽을 수 있다. 석도륜은 부산에서 출생하였고 1948년 해인사 백련선원白蓮禪院에 입산하여 참선 수행하였으며, 6.25이후부터 1960년대까지 범어사 등에서 10년간 선원 생활을 하였다.

석도륜은 추념사에서 이렇게 전하였다.

해원거사 황의돈 선생을 내가 처음 뵌 것은 1950년 6월 25일 이후 부산 동래 금정산 범어사에서 였었다.…어쨌든 동란 탓으로 선생을 뵙게 되었으며 때로는 범어사 청벽당 1주년 시방당 한 칸 객실, 혹은 보제루 중정中庭으로 면해 있는 비로전 축대 햇볕 쪼이는 곳에서 선생의 아의 모습을 가끔 뵈었다.
당시 범어사는 영현(유골) 안치소로서 혹은 육군예비사관학교(분교)로서 때때로 이른바 임시 수도 부산이나 동래 온천장에서 오르내리는 이른바 귀현貴顯과 속객俗客들로 들끓고 있었던 때였다. 그래서 심산 참적으로 있은 몇몇 선납과 선생과 같으신 분에게는 좌불안석이었으나 선생께서는 이속에서도 때로는 예비사관학교에 초빙되어 사강(역사 강의)도 하시고 때로는 며칠 동안 절영도 복천암福泉庵에 내려가서 석연 윤석 등의 자녀분을 돌보시기도 하시는 듯 보였다. …
(동란 일어나던 해의 겨울이든가…) 김장거리를 다듬느라고 대중 출동의 운력이 있었을 때 선생께서는 동산東山 혜일慧日 노조실老祖室께서도 나와계시는 우리 편 채소 무더기에 앉으셔 일손을 거들어주시며 팔도인물평八道人物評에 관한 재미나

는 말씀을 하셨는데, 그때 선생께서는 선생 댁에서 옛날 여관업을 직접 경영하시든 때에 겪은 인정담을 털어놓으시기까지 하셨는데 그 때 그 자리에서 내가 얻어 느낀 바 있는 감회는 지금도 나의 뇌리에 지워버릴 수 없다. 곧 나로서는 적이 무엄한 상상이기는 한데 한 독립투사의 입산하신 뒤의 그 댁에서 생활책으로서 여관업을 차려 호구지책을 삼으셨는가 싶었던 터였다.[3]

석도륜이 금정산 범어사에서 황의돈을 만난 것은 6.25전쟁 때였다. 당시 그의 가족들은 범어사 말사인 절영도 복천암福泉庵에 머물렀고, 황의돈은 주로 범어사에 머물다가 며칠 동안 절영도 복천암에 가서 석연과 윤석 등의 자녀를 돌보기도 했다. 아들 석연이 범어사에서 동산 혜일스님과 함께 했던 인연을 남기고 있다.[4] 범어사 김장 때는 조실 동산 선사와 함께하였다. 동산 선사는 우리나라 현대 불교의 초석을 놓은 용성 선사의 제자이며, 또

범어사 대웅전 앞의 동산 선사

한 선의 꽃을 피운 성철 선사의 스승이다. 황의돈은 「범어사 피난 중에 하동산河東山 임유향林幽香 양사兩詞에 화답하며[5]」라는 시를 남기기도 했다.

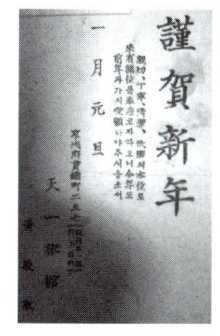

천일여관 연하장

당시 부산 범어사의 금정산 금어선원金魚禪院의 외호 소임자를 살펴보면 1950년 부산 피난시절에 황의돈은 재가자 화주 소임을 맡아 안거에 참가한 것으로 확인된다. 금어선원金魚禪院의 방함록에서 황의돈이라는 이름은 1950년 동안거, 1952년 동안거, 1953년 하안거 1954년 하안거 등 모두 4회에 걸쳐 나타난다.[6]

1950년 하·동안거	鶴熙(圓頭)/東庵 承洙, **황의돈**(化主), 鶴熙(茶角), 別南 등 재가자 3인(火臺)
1952년 하·동안거	東黙(化主), 金宗屹, 金容出(火臺)/**황의돈**, 林泉月, 李常樂華(化主), 宋判植(火臺)
1953년 하·동안거	東庵 承洙, **황의돈**, 林寶谷, 林福德心(化主)/活海 龍俊, 林大智華(化主), 李鳳植(火臺), 金義雄(掃地)
1954년 하·동안거	**황의돈**, 李正浩, 柳承國, 황석연(처사)/林大智華(청신녀), 金義雄(化主), 金昌協(掃地)[7]

1950년 동안거에 함께한 것으로 기록된 동암東庵 승수承洙는 동암東庵 성수性洙(1904~1969)스님이다. 동산스님을 사형으로 깍듯이 모셨던 동암스님은 일제강점기에는 독립운동에 투신했고, 한국전쟁 후에는 불교정화운동에 참여해 조계종의 초석을 놓았다. 일제강점기 독립자금을 구하거나 전달할 때에는 상복으로 갈아입고 용성스님의 심부름을 하였다. 불교정화운동에는 사형인 동산스님과 금강산에서 인연을 맺은 효봉, 그리고 도반인 청담스님이 함께 하였다. 정화운동 당시 동암스님은 재정을 조달하고 관리하는 소임을 맡았다. 범어사 강원의 강주를 지내고, 범어사 산내 암자인 미륵암의 주지였던 백운白雲 지흥知興(1934~2020)스님의 기억을 더듬어보면 다음과 같다.

범구梵丘, 정영, 월현月現, 법련法蓮, 진용, 낙신樂信, 진상眞常, 현우玄宇, 이환離幻, 우진雨震, 진진거사, 그리고 조실 스님 시자인 내가 주축을 이루었고, 사학계의 태두 황의돈 선생의 반연으로 세 사람의 거사가 계사년(1953) 하안거에 참여했다. 당시 충남대 이정호 교수(동양철학을 전공했고 특히 주역에 밝았다. 후에 충남대 총장을 역임함), 류승국 선생(후에 성균관대 유학

진진거사(광덕)　　　도원 류승국　　　학산 이정호

대 학장이 됨)과 황석연 씨(당시 서울법대 4년생으로 뒷날 명판사가 됨) 등이다.[8]

이처럼 1954년 금어선원 하안거에는 황의돈, 백운, 진진, 진상, 정영, 류승국, 이정호, 황석연 등이 참여하였다. 백운은 황의돈이 선의 이해가 높았다고 증언한다.[9] 1956년 종로구 봉익동 대각사에서 대각회를 열고, 1974년 불광회를 창립한 광덕(1927~1999)스님이 진진거사다. 광덕스님은 1965년도에 청맥회를 조직했는데 1대 간사가 진상스님이다. 진상스님은 후에 나주 다보사에 머물게 된다.[10] 정영스님은 망월사 주지와 조계종 원로회의 부의장에 오른 인물이다.[11] 그리고 류승국(1923~2011)[12]은 성균관대 유학대학장과 한국학

중앙연구원장으로, 이정호(1913~2004)는 충남대 총장으로 재임하였다. 황석연은 황의돈의 아들이며 동국대 대학원 출신으로 동국대 이사를 역임하였다.

19장
애국가 작사자설과
안창호 망명자금설을
논쟁하다

    황의돈은 해방 후 국가적 사업에도 참여하였다. 1948년 9월에는 문교부 요청으로 태극기의 4괘 형태에 대한 이론과 관련한 작업에 참여했는데, 당시 문교부는 황의돈과 이선근, 이병기, 장지영, 송석하, 오세창 등의 자문을 얻어 태극기의 형태에 문제가 없다고 발표하였다.[1] 태극기의 4괘 등 형태에 관한 고증[2]을 한 후 1950년 국사편찬위원회에 태극기에 관한 위원으로 위촉되었다.[3] 또 그 해 5월 국사편찬위원회 위원으로 활동하면서 부속 한국사학회 고문을 맡았다. 한국사학회는 국사편찬위원회를 이끌던 신석호, 김성균이 중심이 되어 1958년에 황의돈을 비롯하여 백낙준, 이선근, 이병도, 김상기, 장도빈 등 원로학자를 고문으로 모시고 결성되었다. 황의돈은 국사편찬위원회의 부속 학회인 한국

사학회(1957.4~1964)의 초대 임원이었다.[4]

1955년 6월 10일 국사편찬위원(위원장 문교부장관 이선근)으로 위촉된 황의돈은[5] 여기서 사업계획인 『이조실록』과 한국사료총서의 출판 그리고 대한민국사 및 독립운동사의 사료 수집과 일본 공사관 기록의 등사 번역 등에 대해서 논의했다고 한다. 그 가운데 눈에 띄는 것은 애국가 작사자 조사 활동이다.

우리 애국가는 그 정체성을 둘러싸고 논란이 계속되고 있다. 작곡가와 작사자가 모두 친일파이며 외국 민요를 표절했다는 것이다. 작곡자 안익태의 친일·친나치 행적과 불가리아 민요를 표절한 사실이 드러나면서 애국가를 교체 하자는 주장이 거세게 일었다. 이와 더불어 애국가의 작사자가 친일파 윤치호와 독립운동가 안창호 중 한 명이라는 의견, 공동 작사했을 가능성이 크다는 의견, 윤치호 작사가 분명하다는 의견이 논쟁 중에 있다.

애국가 작사자를 둘러싼 사회적 논쟁은 1955년부터 시작됐다. 1955년 4월 초 주한 미국대사관이 문교부에 대한민국 국가의 작사자와 작곡자가 누구인지 질의한 것이 계기가 됐다.

'애국가'에 대한 논란이 일자 그 대안으로 제시된 '아리랑 애국가' 악보.

문교부는 처음에 국사편찬위원회, 서울대 역사학과, 최남선, 황의돈에게 애국가 작사자 규명 작업을 맡겼다. 안창호설을 주장한 최남선·황의돈과 안창호설을 배척하는 국사편찬위·이병도의 의견이 접점을 찾지 못하자 공식적으로 애국가 작사자 조사위원회를 구성했다. 최남선과 황의돈은 일관되게 안창호 작사설을 지지하였고, 국사편찬위원회와 역사학계의 이병도는 처음에는 윤치호·최병헌 합작설을 주장하다가 나중에는 물증을 앞세워 윤치호 작사설을 지지하였다. 당시 조사 과정에서 최남선은 윤치호 가족이 제출한 애국가 가사지의 붓글씨 필체가 윤치호 본인 것이 아니라고 호통을 쳤다고 한다. 황의돈은 가사지에 침을 발라 문질러보기까지 하면서 "이 글씨는 쓴 지 10년도 안 되는 것으로 1907년 작이 될 수 없다."고 의문을 제기하였다. 조사 과정에서 친필親筆 논란과 필서筆書 연대 논란이 일었던 것이다. 이때 작사자로 추정된 조사 대상 인물은 민영환(1861~1905), 최병헌(1858~1927), 김인식(1885~1963), 안창호(1878~1938), 윤치호(1865~1945) 등 5인이었다.

　　그 해 5월 중순 나온 공식적인 최종 보고서에는 결국 애국가 작사자 '미상未詳'으로 기록됐다. 이러한 결론을 내리기까지 조사위원들의 표결 과정이 있었다. 가장 유력하다고 조사된 윤치호를 대상으로 한 표결 결과는 9대 2였다. 애국가 작사자 조사위원회는 두 차례 더 모임을 가지고 해산하였는데, 마지막 회의에서도 표결을 했는데 11대 2로 윤치호가 압도적 우세였다. 최남선과 황의돈은 마지막 회의 표결에 참석하지 않았다.[6] 이에 따라 1955년 이후 반세기가 지난 지금도 애국가 작사자 논쟁은 계속되고 있다.

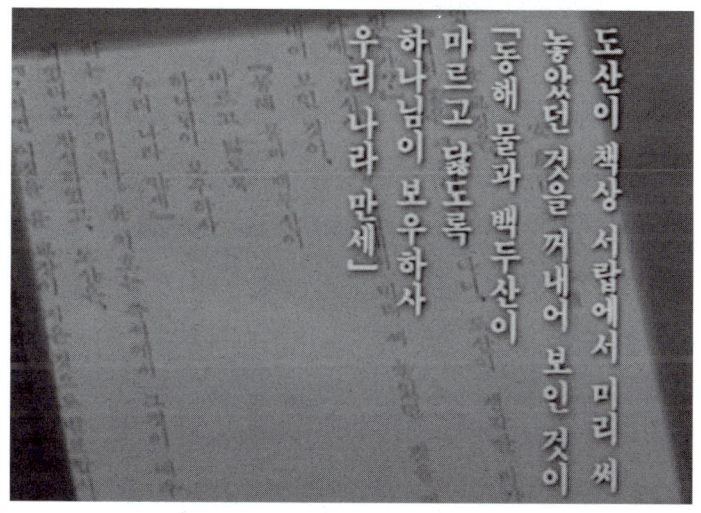

'애국가 작사자는 누구인가? 끝나지 않은 논란' (KBS 일요스페셜 〈역사실험〉)
KBS 1999.02.28. 방송 캡쳐.

도산 안창호   좌옹 윤치호

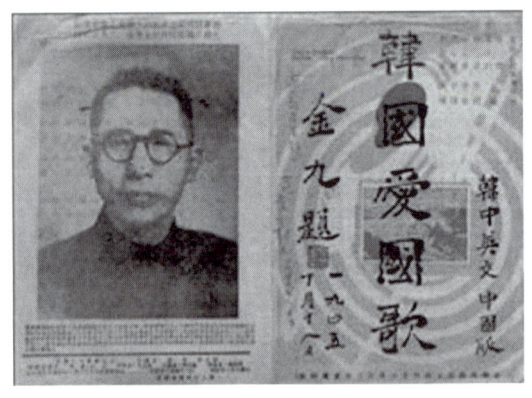

대한민국 임시정부가 발간한 한국 애국가 표지

황의돈은 한국독립운동사의 서술에 주목하여 1956년 3월 중순부터 〈동아일보〉에 「위국항일의사열전爲國抗日義士列傳」을 연재하였다.[7]

「위국항일의사열전」을 집필하면서 상편 서문에서 한국사의 방향을 제시하였다.[8] 역사적으로 서양은 정복주의, 동양은 공존주의라고 규정하고 서양은 계급주의를 추구하

위국항일의사열전 연재
〈동아일보〉 1956.3.17.

였기 때문에 제국주의가 대두되었다고 기술했다. 일제는 이러한 서양 제국주의를 모방하여 한국을 침략했다는 분석이다. 그들의 침략에 항쟁한 충의열사의 대표적 인물로는 민영환, 안중근, 손병희를 높게 평가하였다. 황의돈은 국사를 바르게 가르쳐야 조국이 산다고 여기고 『신편조선역사』와 『중등조선역사』를 비롯하여 민족혼을 심은 「의암 손병희전」, 「안중근의사전」을 내고 「목은 이색전」을 펴냈다. 당시 한국혼 바로 세우기에 어느 누구보다도 앞장섰던 선각자였

다.⁹ 「의암 손병희전孫秉熙傳」에는 한일 강제 병합 직전의 시대 상황을 설명하는 중 도산에 관한 흥미로운 일화가 담겨 있다. 도산이 당시 2대 통감 소네 아라스케曾彌荒助(1909.6~1910.5)를 속여 거금 30만 원을 받아냈고 망명 자금에 썼다는 대목이다.

> 그런 삽화插話가 기록에 있는 것은 아니고, 오직 전문으로 들었을 뿐이며 국내에서 그런 소문이 있었으나 확인된 바는 없고, 뒤에 황 선생이 일본 유학을 갔었을 때에 일본 국회에서 "증마曾彌가 대금을 속아 뺐겼다는 문제로 공격을 당한 것을 보았다."는 정도의 이야기라고 한다.¹⁰

이 글이 나가자 주요한(1900~1979)이 〈동아일보〉에 「안도산 등의 망명자금 출처-황의돈씨의 소설에 대한 이설」 제하의 글을 통해 도산과 친근히 지내고 항일운동에 협력했던 김지간의 증언 등을 근거로 황의돈의 기록이 사실과 어긋나는 것이라고 주장하면서, 비록 왜적에 대해서라도 그런 '속임수'를 쓰지 않았을 것이라고 반박했다. 그러자 황의돈은 『신태양』에 「역사와 위사」라는 글을 투고해 주요한의 이설異

주요한의 「안도산 등의 망명자금 출처」 〈동아일보〉 글

說을 다시 반박했다. 글의 서두에서 황의돈은 주요한의 글에 답하는 반론을 준비했으나 〈동아일보〉 측이 내용의 일부 삭제를 요구해 왔다고 밝히고 이에 대해 동아일보사 최두선(1894~1974) 사장에게 공개장을 보내 자신의 회답문을 실어주지 않고 일부 삭제를 요구하는 이유를 물었으나 회답이 없자 『신태양』에 이 글을 쓴다고 저간의 경위를 자세히 설명했다. 이어 장문의 반론을 통해 황의돈은 주요한의 주장을 일일이 반박하였다.

> ■ 島山 安昌浩의 亡命資金 (1952)
>
> 筆者略歷 및 解說　2
> 1　爲國抗日義士列傳 ················· 黃義敦　4
> 　 ―孫秉熙傳
> 2　安島山등의 亡命資金出處 ········· 朱耀翰　8
> 　 ―黃義敦씨 所說에 대한 異說
> 3　歷史와 僞史 ······················ 黃義敦　13
> 　 ―朱耀翰씨 異說에 答하는 安昌浩 李甲씨등의 亡命資金
> 　 出處를 밝힌다

손세일, 「한국논쟁사」 (청람문화사·1976) 중의 목차

이에 따르면 황의돈은 사실을 객관적으로 다룬 것이었다. 역사적 인물 안창호를 둘러싼 논쟁은 손세일의 「한국논쟁사」 권1에 수록되어 있다.[11]

20장
동국대 사학과에서 한국 역사학을 가르치다

황의돈은 부산 피난시절인 1951년 3월 동국대학 교수로 부임하였다. 1951년 1월 2일 문교부는 전시 하 교육특별조치 요강을 공포하여 피난 중의 대학생을 대상으로 전시연합대학을 설치하여 수업을 재개할 것을 지시하였다. 동국대 학생들은 전시연합대학에서 4월부터 수업을 받았다. 전시연합대학은 이러한 형태로 1년간 지속된 후 신창동 1가 6번지 임시 교사에서 단독 개교하고, 1951년 9월에 이르러 강의도 궤도에 올랐다.[1]

황의돈은 1951년 3월에 본교 교양학부 교수로 먼저 부임하였던 듯하다.[2] 그리고 2년 후인 1953년 3월에는 동국대 사학과 교수로 위촉되었으며 1961년 9월 '교육에 관한 임시특례법'에 저촉되어 교수직을 사임하였다.[3] 그 사이에 국

동국대 명진관 전경

립경찰전문학교(1952), 한국대학(1953), 단국대학교(1955), 숙명여대(1956) 등에서 교수직을 겸임하였다. 한국대학은 1947년 10월 백범 김구의 수제자인 대용 한관섭이 중구 장충동에 세운 최초의 야간대학이며, 1955년 국제대학으로 개명, 현재 서경대학으로 이어진다. 황의돈은 1953년 한국대학에서 역사 강좌를 맡으면서 『주해註解 삼국지 동이전』을 편찬하였다.

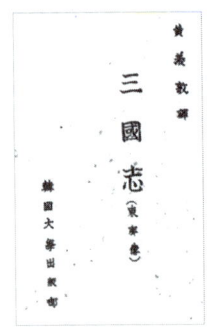

한국대학 출강시 편찬한 『삼국지』 번역서

황의돈은 1950년대 후반 장도빈이 학장으로 있는 단국대학의 야간부 사학과에 함께 출강하였다.[4] 1955년 5월 17일부터 21일까지 황의돈을 비롯한 두 교수의 인솔 하에 경주 답사여행을 떠났다는 기사가 확인된다.[5] 그리고 "자유당 말기에 선생님과 나는 D대학에 같은 날 같은 시간에 출강한 일이 있는데"라는 장도빈의 글귀가 전하고 있다.[6]

산운 장도빈

백성욱 총장은 매주 월요일 오전에 신입생을 위한 세계문화사 강의를 진행하였다. 일반 교양강좌로는 황의돈 교수의 국사개론, 양주동 교수의 문학개론, 김용배 교수의 기철학개론, 조동필 교수의 경제학개론, 기타 자연과학개론 등의 과목은 대학 강의의 의미와 흥미를 맛보게 하는 강좌였다. 특히 민족사학의 거목 해원 황의돈 선생은 국문과의 양주동 선생과 더불어 명강의로 명성을 떨쳤다고 한다. 노교수인 황의돈 선생은 분필 두 세 자루를 들고 강단에 서서 청산유수 같은 언변에다 한국고대사 한문 원전을 줄줄이 외우셨다.[7]

무애 양주동

(황의돈 선생이) "여러분은 선죽교에서 피 흘리고 돌아가신 포은 정몽주 선생의 죄와 죽음의 역사 과정을 어떻게 해석하고 배웠지요?" 누구 하나 입을 여는 학생이 없었다. "벙어리들만 모인 자리가 아닐텐데…" 하고 뜸을 들이자, 누군가 일어서며 큰 소리로 말했다. "멸망한 고려 왕조와 왕을 위해 흘린 거룩한 피라고 생각합니다."

"거룩한 피라 … 과연 그럴까요?" 학생들 얼굴에는 무슨 말이지 하는 의문이 깔렸다. "무슨 뜻인지 이해가 안 되는 모양인데, 이 점이 바로 학생 여러분과 내가 보는 역사적 관점의 차이인 것이야!" 학생들 얼굴에는 더욱 짙은 의문의 그림자가 드리웠다.

"무슨 말인고 하니, 패망한 고려 왕조와 한 사람의 군주를 위해서 스스로의 목숨을 버릴 것이 아니라, 살아남아 있는 더 많은 사람들, 억울하게 살육당하고 오갈 데 없어 방황하는 민초들을 위해서 선죽교에 피를 뿌릴 수 있었다면, 그 희생이 더욱 거룩했을 것이라는 게, 오늘의 시점에서 봐야하는 역사 관점인 것이야!" 상상도 못했던, 비약적인 역사풀이였다.[8]

동국대 국문과를 들어가니…나는 평생 잊지 못하는 네 분의 천재적 스승을 만났음이 교직생활 동안 시종 자부심을 갖게 하였다. 그 분들이 양주동 선생님, 황의돈 선생님, 권상로 선생님 그리고 백성욱 선생님이다.…황의돈 선생님의 국사 강의실은 2백 명 가량을 수용하는 강의실이 빈자리가 없을 지경인데, 빛바랜 노트 한 권을 들고 오셔서는 원전을 고증 하시는 해박함이 듣는 이의 귀를 의심케 하였다.[9]

백성욱 총장

권상로

『동대 60년사』에 1953·1954년도 학과 시간표가 전하고 있다. 강의 시간표에 의하면 황의돈의 강좌 내용은 다음과 같았다. 국문학과의 경우 1학년부터 4학년까지 매 학년 '국사개론' 강좌가 개설되었고 '한국문화사'와 '국사특강', '사료특강' 강좌도 열렸다. 영문학과의 경우 1학년부터 4학년까

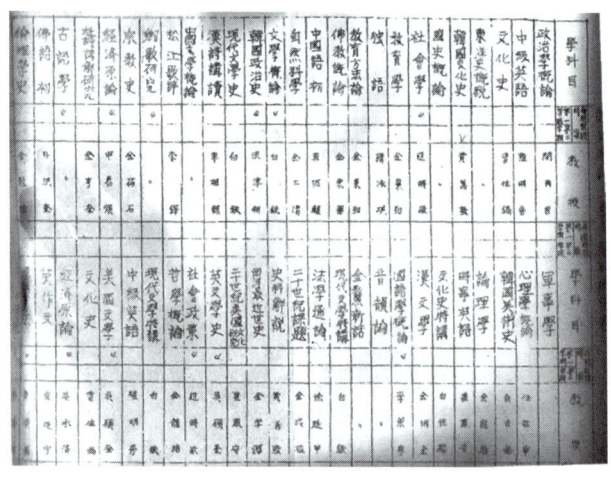

『동대 60년사』에 수록된 1953·1954년 학과 시간표

지 '한국문화사'와 '국사개론' 등의 강좌가 매 학년 개설되었다. 사학과의 경우 1학년부터 4학년까지 '한국문화사'와 '국사개론', '사료해설' 강좌가 매 학년 개설되었고 그 밖에도 '국사강독' 강좌가 개설되었다. 이렇듯 1953년 3월 사학과는 황의돈, 조좌호 등 2명의 교수를 맞이함으로써 활기를 띠었다. 황의돈은 해박한 고전에 대한 지식을, 조좌호는 현대적인 역사학방법론을 통해 동국사학의 새 지평을 열었다.

황의돈이 동국사학과 인연을 맺은 시기는 나이 60이

넘어서였다. 그는 해박한 한학의 기초 위에 불자로서의 신념을 지닌 실증사학자였다. 따라서 그의 고대사 인식은 이병도의 '한씨조선설'을 중국 고전과 고대 천문학적 인식론에 근거하여 정면으로 비판할 정도였다.

> 강의마다 분필만 들고 오시어 사기, 한서의 원문을 칠판 가득히 쓰시고 해설해 주시기도 하고 세계 각국 수도의 면적과 인구 수까지 외우시던 황의돈 교수님의 모습이 너무 멋져 보였기에 가끔 성인들 상대로 한 역사 강의에서는 이태조의 4대 불가론이나 남이장군, 성삼문의 시를 원문으로 쓰고 해석하는 흉내 내기를 해보곤 한다.[10]

당시 사학과는 황의돈, 조좌호 등 원로 교수를 정점으로 하고 안정모, 고병익, 이보형, 이용범, 안계현 등 교수진이 구성되었다. 마지막으로 길현모 교수가 사학과에 들어옴으로써 기존의 이병도, 김상기, 이홍직 교수와의 학연을 그대로 유지하는 탄탄한 교수진을 구축하였다. 그러나 1960년 서양사의 안정모 교수가 지병으로 죽고, 1961년 9월에는 황의돈 교수가 교육에 관한 임시특례법에 저촉되어 사직하였다.[11] 안계현, 김창수, 조좌호 선생과의 인연은 남달랐다.

하정 안계현　　　**하석 김창수**　　　**남계 조좌호**

선생님께서 가셨다는 것을 듣고, 10년 가까이 간직하여 오는 선생님의 글을 찾아서 새삼 읽었다. 강단에 처음으로 서게 된 나였던지라, 병아리 선생이 이것저것 가르치며 또 공부해 가는데 여간 힘이 들지 않았던 나는 『고려사』를 읽다가 그냥 또 막히어버렸다. 그래서 그 길로 선생님께 달려갔다.[12]

1959년의 여름방학을 이용하여 나는 경제학도인 친구 K군과 함께 망월사에서 선생을 모시고 지내면서 고전을 배운 적이 있었다. 선생은 성품이 외유내강하셔서 그런지 자연물 가운데서도 특히 돌(바위)을 사랑했는데 선생의 자녀들의 이름에 모두 '석'자를 붙였음을 보아도 알 수 있거니와 망월사에서 선

생은 나에게도 '하석何石'이란 호를 지어 주셨다.[13]

…선생님이 출강하시는 날을 기다렸다가 평소에 의문나는 점을 묻곤 하여 얻는 바 컸다. 선생님의 백과사전보다 더 해박한 지식 특히 한학에 대한 풍부한 지식에는 그저 감탄할 따름이었다. 뒤의 일이지만 선생님이 강의에 일체 노트를 사용하지 않는다는 것, 그러면서도 통계 숫자까지도 정확하게 든다는 점을 알고 선생님의 박람강기에 더욱 놀랐다.…

항상 염주를 손에 잡고 모자도 안 쓰신 채 걸어 다니시던 모습, 겸허하고 온후한 얼굴과 낮고 부드러운 음성으로 말씀하시던 모습, 참으로 선생님은 안빈낙도하는 한국의 선비였다.[14]

『동국사학』제4집 간행준비 간담회가 1956년 10월 6일 오후 3시 을지로 4가 로터리 다방에서 있었는데 사학과 교수 및 특별회원 사학회 간사 등 26명이 참석하였다. 편집고문은 황의돈·이병도·정두석·조좌호, 회장은 정기룡, 편집위원은 서재욱·오상근·박정용·김창수·심영돈, 총무는 차완기 등이었다.[15] 동국사학회 제1회 사학대회가 1957년 5월 30일 오전 10시에 20강의실에서 열렸다. 「시경에 대하여」(황의돈), 「고려인의 조우관에 대하여」(이용범), 「고려시대 사경에 대하여」(안계현), 「Peter 대제의 서구화에 대한 소고」(曺孝吉史) 등이 발표되었다.[16]

　　　제2회 동국사학회 사학대회는 1958년 5월 30일 오전 10시 30분 20강의실에서 열렸다. 「사관에 대하여」(황의돈), 「요대 백의에 대하여」(이용범), 「여대의 악소에 대하여」(김창수) 등이 발표되었다.[17] 그리고 1958년 10월 22일~26일에 제17회 경주 지역 고적답사를 갔는데 황의돈, 조좌호, 안정모 교수의 인솔 하에 45명이 참가하였다.[18] 사학과 답사의 한 장면이다.

언젠가는 선생님을 모시고 학생들과 함께 경주로 여행한 일이 있다. 칠십 노령임에도 불구하고 이것이 경주에는 마지막 길이 될지 모르겠다 하시면서 따라오시던 일, 경주 불국사에서 우리들의 만류에도 불구하고 이른 새벽 횃불을 들고 토함산으로 올라가던 일, 석굴암에서 장장 두 시간 동안이나 신라의 역사와 예술을 논하시던 일, 감로수 병을 든 보살상을 쓰다듬으면서 이런 여자가 이 세상에 나타난다면 아무리 늙은 몸 일지라도 한번 해 보겠다고 유머 섞인 말로 우리들을 웃기

시던 일 등이 지금도 눈앞에 훤하다.[19]

그밖에 1959년 9월 2일 『해원 황의돈 선생 고희기념 사학논총』을 발간하고, 1962년 4월 10일에는 명예박사학위 수여식이 동국대 중강당에서 거행되었다.[20]

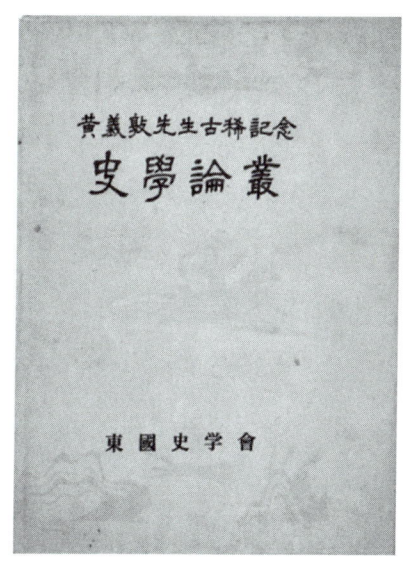

고희기념 사학논총

21장
조계종 불교정화와
전국신도회를
주도하다

불교정화운동은 1954년 5월 20일 이승만 대통령의 제1차 정화유시를 시작으로 1962년 4월 11일 통합종단 출범까지의 불교 개혁을 말한다. 이승만 대통령의 유시는 교단은 독신 비구가 운영하고 대처승은 사찰 밖으로 나가라는 것이 골자였다. 비구 측은 1954년 6월 24일과 25일 불교정화추진 발기회와 교단정화운동 추진준비위원회를 결성하였다. 비구 측은 선학원에서 8월 25~26일 전국비구승대표자대회를, 9월 28~29일에 전국비구승대회를 개최하였다. 여기서 종정에 만암·부종정 동산·도총섭 청담·아사리阿闍梨(교육승려) 자운·총무부장 월하·교무부장 인곡·재무부장 법홍 스님 등이 선출되었다.

1955년 1월에는 문교부 중재로 비구 측과 대처 측 대표가 참석하는 불교정화대책위원회가 구성되어 다음 달 2월 4일 승려 자격 8대 원칙이 합의되었다. 곧이어 8월 12~13일 조계사에서 전국승려대회가 개최되어 종회 의원 56명을 선출하고 중앙 간부가 선출되었다. 종정 석우·총무원장 청담·총무부장 서운·교무부장 소천·재무부장 영암·감찰원장 금오 스님 등이 선출되었다.

    이러한 일련의 움직임에 부응하여 1954년 말에 한국불교거사림, 선우회 등이 서울특별시 불교교도회를 조직하여 비구 측을 지지하며 나섰고, 1955년 6월 1일에 황의돈을 비롯하여 김한천, 이종익, 이재열, 여동명, 김법련화, 최대원경 등이 불교정화추진위원회를 구성하였다. 1955년 11월 29일 열린 조계종 전국신도회 창립총회[1]에서 황의돈이 초대 신도회장으로 선출되었다. 당시 전국신도회는 '전국'이란 이름에 걸맞는 대중적 기반을 가진 조직이 아니라 비구의 정화운동을 지지하는 신도들의 모임 성격으로 출발한 조직이었다.[2]

  대한불교조계종 총무원에서는 27일 석가세존의 성도일을 맞이하여 상오 9시부터 시공관에서 다음과 같이 기념강연회를

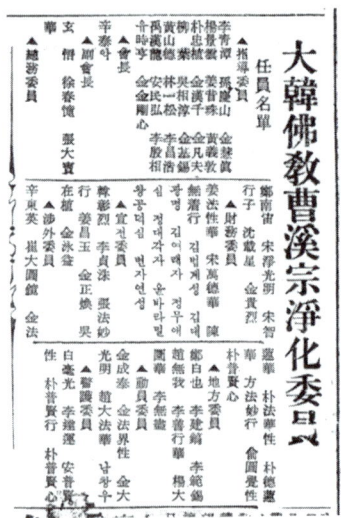

1955년 선학원 중앙선원에서 하동산 선사와 함께 한 황의돈

개최하리라 한다.

△석가성도의 의의(이효봉 선사)

△무한 생명관을 실현하자(황의돈)

△현대위기와 불교사상(김기석)[3]

제16회 불교사상강연 대각회 주최로의 관훈동 소재 의사회관 (종로예식장 옆)에서 23일부터 매일 하오 6시반 개최하리라 한다.

△무한 생명관을 실현하자(황의돈)

△현대위기와 불교사상(김기석)[4]

  1958년 1월 27일에는 조계종 총무원이 주최하고 전국신도회가 후원하는 석가세존 성도 기념 봉찬 대강연회가 시립극장(시공관)에서 '들으시라, 진리의 소리를!'이라는 주제로 봉행되었다. 황의돈은 전국신도회장으로 이를 주도했고, 효봉과 청담스님이 강연하였다. 다음 해인 1960년 11월 21일 조계종 전국신도회는 많은 신도들이 참석한 가운데 비상대회를 개최해 비구승들의 전국승려대회의 결의를 지지하는 선언을 하였다.

  전국신도회가 종단 차원으로 공식 인정·관리받게 된 것은 1962년 10월 15일에 제정·공포된 교도단체보호령에서 비롯되었다. 조계종은 1962년 10월 말 교도단체보호령으로 조계종에 4개 신도 단체 즉, 대한불교조계종 전국신도회(회장 황의돈)·대한불교 마야부인회(회장 장봉옥)·대한불교청년회(회장 김법린)·대한불교달마회(회장 이창호)를 공식 인정하였다.

대한불교조계종 전국신도회는 지난 1962년 12월 3일 서울에서 전국대의원대회를 열고 회장에 황의돈, 부회장 이종익, 하재명, 송명덕화, 현봉애 씨 등을 선출하는 한편 신도회 헌장 개정 불교문화재 보호를 위한 관광협회 기안 신도재교육안 등을 제정하였다.[5]

보호령은 당시 총무원이 신도회 육성을 위하여 긴급 종령으로 시행한 것이었다.[6] 1963년 7월에 신도회는 총무원 회의실에서 중앙대의원 대회를 열어 제3대 회장에 황의돈, 부회장에 김한천과 이창호를 선출하였다.[7] 그 해 9월에는 신도회가 불교재산관리법에 의거해 불교단체로 등록을 하였다. 한편 9월 22일에는 한국대학생불교연합회가 역사적인 창립을 하였다. 1963년 11월 신도회의 주요 시도 대표들이 대한불교조계종 혁신재건위원회를 구성하여 재가중(대처)의 종정 참여권을 인정하는 종헌 개정을 요구하기로 결의하였다. 이것은 사실상 통합종단 조계종 출범 이후 신도회의 독자적인

신도회장 때 사용했을 편지봉투

종립학교 교육위원 명단, 〈대한불교〉 1913.4.1.

첫 요구사항이었다. 1964년 1월에 중앙종회에서 조계종 기획위원회법이 통과되면서 스님과 재가신도가 종정 전반에 걸쳐 함께 나아가기로 하였으나 종단의 개혁 의지 결핍으로 더이상 진척을 보지 못하였다. 1964년 11월에는 황의돈 회장의 서거로 김한천 회장을 새로 선출하였다.[8] 조계종 전국신도회장 순서는 1대 황의돈, 2대 박충식, 3대 황의돈이었다.[9] 황의돈은 조계종 종회 40명 가운데 교육위원으로 활동하기도 하였다.

1963년 6월에는 대한불교청년회에서 『우리말 팔만대장경』을 출간했는데, 황의돈은 팔만대장경 편찬사업 심의위원 및 역경위원을 맡았다. 역경원은 1963년 2월 28일 제정 통과한 역경위원회법譯經委員會法을 모태로 설립되었다.

대한불교청년회가 '성전발간준비위원회'를 결성해

「우리말 팔만대장경」 편찬위원 명단. 〈대한불교〉 1963.7.1.

1962년 4월부터 추진한 이 불사는 한글대장경 발간 단초를 제공했다는데 큰 의의가 있다. 이 성전을 편찬하기 위해 한국의 불교 석학이 모두 참집하였다. 역경위원은 위원장에 운허, 위원에 관응觀應, 탄허呑虛, 청담靑潭, 일타日陀, 대은大隱, 자운慈雲 스님과 이기영李箕永, 황의돈黃義敦, 김동화金東華, 김잉석金芿石 등이었다.

「우리말 팔만대장경」 관련 기사 〈대한불교〉 1963.10.1.

「우리말 팔만대장경」 편찬위원 황의돈, 〈조선일보〉 1962.2.6.

22장
해원거사,
1만 8천여 시간
참선 생활을 하다

황의돈은 평생 동안 1만 8천여 시간의 참선생활을 하였다고 한다. 이와 관련해 김창수 선생의 기록으로 그의 대체적인 선 수도생활을 짐작할 수 있다.

선 수도생활에 들어간 것은 1942년 오대산 상왕봉의 상원사 서대암에서 당대의 고승 방한암 대선사의 지도로 비구 1인만 데리고 시작되었다. 이로부터 비롯된 그의 참선 수도는 1945년 광복과 더불어 잠시 하산하여 문교부 편수관으로 재직하는 동안을 제외하고는 1964년까지 계속되었다. 그것은 1947년 오대산에 다시 입산하여 참선 수행을 하면서 국사연구를 하였고, 1949년에는 다시 하산하여 수원 용주사에서 참선 수도를 계속하였던 것이다. 1950년의 6.25동란 때는 부산에 피난하여 영도와 동래의 사암寺庵에서 참선생활을 하고 환도 후에는 도봉산 망월사에 입산하여 참선수행에 정진하였다. 그동안 그의 독실한 신심은 오대산에 있을 때 구한말의 지사 매천 황현의 동생 황원에게 보낸 서한에도 불교의 선禪에 대하여 말하고 있는 것만 보아도 짐작이 간다. 특히 그의 만년에 있어서 망월사에서의 참선수도에는 필자도 한문을 배우기 위하여 방학 동안 그를 모신 적이 있었다. 그는 사서의 강독 외에도 선학禪學에 대한 강론을 많이 하였다. 그의 이러한 선학에의 집념은 특히 만년에 들어서면서 역사학과의 결합 내지 조화에의 관심으로 나타난 것 같다.[1]

황의돈의 본격적인 선정禪定은 1942년 오대산 상원사 서대에서 방한암 선사를 뵙게 된 이후부터 광복까지 계속되었다. 이 기간 공양주 황광연과 사미승 문열의 도움이 있었던 것 같다.

해방직후 1947년『대조선 국민사』를 저술하기 위해 오대산으로 갔다. 아마도『대조선국민사』는 완성치 못한 듯하다. 그후 1949년 수원 용주사에서 참선 수도를 하였다.[2]

1950년 6.25전쟁 때는 부산으로 피난하여 영도와 동

동국대 대학선원장 서옹스님

래의 사암寺庵에서 참선 생활을 하였다. 앞서 언급했지만 여기서 범어사 하동산스님의 지도를 받았다. 환도 후에는 의정부 망월사 등의 사찰에서 수행하였으며, 그 외에도 김해 백운암[3], 서울 상도동 백운암[4], 수원 팔달사[5] 등의 사찰에서 도합 1만8천 시간이 넘는 동안 참선 생활을 하였다.[6] 고은 시인의 회고에 의하면 "황교수 부부는 일주일에 한 두 번은 반드시 절에 나타났다."고 한다.[7] 상도동 백운암은 상도선원이다. 1961년 장봉옥 보살이 동작구 상도5동에 4개 동의 건물을 지어 창건했다. 당대 최고 선승인 월산·운허·탄성·석주·서옹 등 고승들이 주석했다.

조계종 종정을 역임했던 서옹(1912~2003)스님도 40여 년간 백운암에 머무르며 '참사람無位眞人운동'을 통해 대중포교의 지평을 넓혔다. 1960~1970년대 백운암에는 일석 이희승(1896~1989) 박사 등 장안의 명사들이 북적거렸다.[8]

황의돈은 백운암 외에도 불교와 인연이 깊은 상원사, 직지사 등에서 참선을 하였다. 특히 선생은 해방 전에 오대산 서대의 방한암 선사 밑에서, 그리고 해방 직후에 수원 용주사와 각처의 선방에서 불교 연구 및 참선 수행을 하였다. 서울 삼각산 연화사는 황의돈의 부인 금강심 김봉례 보살이 창건한 사

상도동 백운암(상도선원)

찰이다. 증언에 의하면 "박사님께서 삼각산 절에 가 하룻밤씩 자고 철야 정진을 하기도 하였는데, 법당을 솔밭 속에 지어 밖에서는 잘 보이지 않았다. 선생님은 한 번 앉으면 두 시간, 세 시간을 꼼짝 달싹하지 않았으며, 일어날 때에도 다리를 주무르거나 팔 운동을 하는 것을 보지 못했다."라고 한다.[9]

> …아래 위 할 것 없이 이렇게 대하시는 선생님의 생활은 그 오랜 세월을 두고 닦아 오신 선禪의 경지이셨는지도 모른다. 요 몇 해 간에도 때로는 상도동의 백운암에서, 때로는 망월사에 들르셔서는 줄곧 참선을 해오셨다. 항상 염주를 지니고 몸소 부처님의 길을 걸으셨던 선생님은 그야말로 거사이셨고 보살이셨다.[10]

의정부 망월사와의 인연도 깊다. "황의돈 선생은 만년에는 참선에 몰두하여 방학이 되면 으레 도봉산 망월사에서 선정적 체험을 쌓았는데, 그 실천한 시간이 무려 2만여 시간에 달하였다."[11] 다음은 망월사와 관련하여 전하고 있는 제자 김창수 교수의 이야기이다.

> 선생님은 참선에 골몰하셔서 방학이 되면 으레히 도봉산 망월사에 가시곤 하였다. 어느 해 여름 때 망월사로 가시는 선생님을 사학과의 몇몇 교수들과 함께 도봉산 아래 극락암極樂庵까지 모셔다 드리고 그 곳 계천에서 점심을 먹으면서 한 나절을 선생님과 즐긴 일이 있다. 눈을 지그시 감고 낮고 부드러운 음성으로 한시를 읊으면서 흥겨워 하시던 일이 어제 일 같기만 하다.[12]

황의돈은 망월사에 주석하면서 경주 월성을 바라본다고 하기도 했다.[13] 다음은 황의돈의 아들 황석연의 회고담이다.

의정부 망월사

1954년대의 어수선한 때였고 대학의 동창들도 자기 갈 길을 찾느라 분주하였다. 나는 아버지의 뒤를 따라 책 보따리를 싸 들고 의정부행 버스를 탔다.…망월사에 도착하여 주지 스님이신 춘성스님을 뵙고 큰 절을 드렸다. 부리부리한 눈매, 낭랑한 목소리, 내가 느낀 첫인상이었다. 어딘지 위압감이 느껴졌다. 망월사에서 당분간 기식할 것을 부탁드리고 산사 생활이 시작되었다.[14]

1955년 여름 서울 도봉산 망월사에서 공부 할 기회를 얻었다. 낮이면 법률 공부를 하며, 밤에는 풍경소리와 멀리서 들려오는 동물 울음 소리가 하나의 교향악처럼 나의 귀를 때렸다.[15]

제가 망월사에서 한 1년을 있다가 1955년 3월 무렵 내려 왔어요.[16] 내가 망월사에 간 것은 서울대 법과대학 3학년 때입니다. 아버지가 망월사에 가서 공부를 하라고 해서 따라 간 것이지요. 아버님은 황의돈이라고 하는데 사학자로서 동국대에서 강의도 하셨지요. 아버님은 일제시대에 만해 한용운스님과도 교분이 있는 사이였어요. 어떤 때는 한용운스님과 함께 최남선에 대해서 막 욕을 하였다고도 하였어요. 아마도 아버님은 심우장을 자주 드나들었기 때문에 자연스레 만해스님의 상좌인 춘성스님을 알고 지내신 것 같아요.····아버님은 방학 때면 망월사에 가셔서 참선을 하셨는데, 춘성스님과는 불법 공부에 있어서 맞수처럼 보였어요.····제가 망월사와 춘성스님의 인연으로 불교를 알게 되고, 더욱이 아버님이 큰스님들과 인연이 많아서 저도 자연스럽게 불교계 스님들을 많이 알게 되었지요. 저의 집에는 탄허스님, 청담스님, 경산스님, 능가스님, 효봉스님 등이 많이 왕래하셨어요. 특히 불교 정화 운동을 할 때에는 우리 집 문턱이 닳도록 오셨지요. 특히 동산스님이 정화 재판에 관여된 집에 혼자 가시기는 뭣 하니깐, 동산스님이 부탁을 해서 제가 함께 모시고 갔고, 정화 재판의 법 해석에 대한 자문도 많이 하였습니다. 탄허스님이 나오시면 꼭 우리집에 오셔서 부친과 한문으로 주고 받고, 선담을 하시곤 했어요.[17]

그리고 전강田岡 영신永信(1898~1975)스님이 망월사에 주석하였을 때에 혜암스님, 춘성스님, 향봉스님과 황의돈 등이 입회한 가운데 송담스님에게 전법게를 주었다.[18] 1970

석주스님이 그린 황의돈의 아들 황석연, 〈불교신문〉 1982.3.7.

년대 한국불교는 '남경봉 북전강'이었다가 그 이후 불교계는 '남진제 북송담'이라고 할 정도이다. 즉, 당시 남쪽은 경봉鏡峰 정석靖錫(1892~1982)스님이, 북쪽은 전강 영신스님이 대표한다고 할 정도였고 그 후의 불교계의 남쪽은 조계종 종정을 지낸 진제스님과 북쪽은 송담스님이 대표한다는 것이다.

전강스님은 "황의돈이 허고 내가 같이 있었어 망월사에서. 역사가 더 알지. 달마스님은 언제 나오셨느냐? 대명 원년에 나왔거든. 대명 원년 이월 보름날 나오셨거든. 나 그런 것 역사가 어디서 알았냐면 내가 황의돈한테 다 배운 것이여. 내가 어디서 알 것인가 말이여."[19]라고 회고하였다.

전강스님과 제자 송담스님(왼쪽부터)　　　　　　춘성스님

또한 황의돈이 수원 팔달사에 주석했을 것이라는 단초를 다음 편지봉투로 알 수 있다. 황의돈은 당시 팔달사에 머물면서 대구 석종섭石鍾燮 대령(大悟거사)과 서신 교류를 한 듯하다. 팔달사는 효일曉日 범행 梵行(1921~2012)스님과 인연이 깊다. 즉, 범행은 1949년 수원 팔달사에서 금오를 은사로 출가하였다. 범행이 팔달사 주지였는데 1954년 불교정화운동이 일어나자 서울 봉은사로 가서 초대 주지를 맡아 정화에 동참하였으며 육군사관학교 포교를 비롯해 군불교 진흥

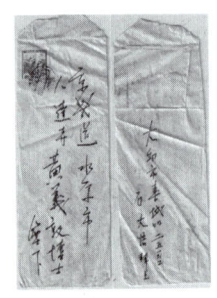

황의돈 유품, 팔달사 주석 당시
석종섭 대령과 주고받은 서신

효일 범행스님

효봉 학눌스님

운허 용하스님

을 꾀하였다.[20] 또한 고승 운허耘虛 용하龍夏(1892~1980)가 대구 석종섭 대령에게 보낸 편지 8장이 전하고 있다.[21] 조계종 초대 종정을 지낸 고승 효봉曉峰 원명元明(1888~1966)이 제자 석대오石大悟에게 주는 게문偈文 등이 있다.[22]

23장
역사학계의 큰 별 해원 황의돈 선생 가시다

말년을 국사와 불교 선과의 결합을 시도하며 동국대학교에서 후학을 지도하던 황의돈은 1964년 11월 23일 노환으로 세상을 떠난다.

선생님께서 갑자기 1년 전부터 시름시름 자리에 누으시더니 이윽고 지난 11월 23일 새벽에 열반에 드시었다. 근 1세기를 우리 민족과 더불어 지내오시던 선생님께서 영영 이 사바세계를 떠나신 것이다. 선생님이 가시고 나니 가지가지 일이 머리에 떠오르고 생전에 선생님으로부터 더 많이 배우지 못한 것이 마냥 원망스러울 지경이다.[1]

황의돈의 영결식은 국민들의 애도 속에 1964년 11월

황의돈의 묘와 비(경기도 덕양시 지축동)

27일 오전 10시 조계사 대웅전에서 거행되었다. 이 영결식은 전국신도회를 비롯하여 동국대학교와 종단 및 각계 인사로 구성된 장례위원회의 주관으로 거행되었다. 황의돈의 유해는 고양군 신도면 싸리말 선영에 안장되었다. 조계종 종단에서는 심심한 애도의 뜻을 표했다.

우리 역사계의 큰별 황의돈의 묘비 제막식이 1964년 12월 5일 북한산 황씨 묘지에서 열렸다. 황의돈의 묘지는 그를 추모하는 학계와 교계 인사 문도들에 의하여 세워졌는데 비문은 김상기 박사가 지었고, 글씨는 학무법인 사무국장 오법안스님이 썼다. 이날 제막식에서는 조명기 총장의 추념사와 스님들의 독경 등이 있었다.[2]

다음은 황의돈을 추념하는 글이다.

이 땅 교계의 별 입적하시다.
선생은 소박한 품위가 넘쳐 흐르는 사람이며 청빈한 생활은 수많은 제자들의 마음속에 칭송이 자자하다. 선생은 혹독한 일제 하에서도 조선 역사 강의와 국사의 제연구를 일간신문

잡지에 굽히지 않고 발표하고, YMCA회관에서 강의 도중 왜경에 제제를 받는 등 참으로 억압은 말할 수 없으나 선생의 강인한 성격은 꺾일줄 몰랐다. 1920년부터 1930년까지 휘문, 보성, 중동학교에서 조선역사 강의와 고문헌 소개 등으로 교편을 잡으셨으며 격변하는 서구사상의 전달 이해를 참으로 분망하였다.

1946년 동국대학으로 승격될 때 동국대학 사학과 주임을 지냈던 사학자 김상기 교수(당시 문리대 명예교수)는 "선생님은 직접 역사교육이나 저서를 통해 특히 일제 치하에서 많은 감화를 주셨다. 나 자신이 역사학을 하게 된 것도 보성학교 때 은사였던 황선생님의 감화에 의한 것이었다. 학문적 주장을 사료에 따라 가장 정확히 판단한 학자였다."고 말한다.[3]

다음은 제자 김상기 교수가 황의돈을 추모하면서 지은 글이다.

곡哭 해원 황의돈 선생

해원 스승님은 일생 우리 국사의 탐구에 바치셨습니다. 그리고 스승님은 때로 불립문자不立文字의 선문禪門에서 법희를 홀로 느끼시기도 하셨는데 일찍이 아호를 해원이라 하신 것도 저간의 소식을 알려주는 것입니다. 아마도 스승님은 괴롭고 악착스러운 이 사바세계의 현황을 보다 고차적인 경지에서 바라보시고 싶은 심정에서 가만히 있었던가도 억측됩니다.

제가 스승님을 모신 것은 전동에 있던 보성학교에서 수학하던 시절이었읍니다. 악독한 일정 하에서 우리 역사를 가르쳐 주고 배웠다는 것은 그 사실 자체가 꿈같은 이야기인 것입니다. 그렇든 시절에 모교 보성에서 스승님을 모셨던 저희들의 긍지야 말로 그때의 보성학도들만이 가질 수 있었던 것으로서 지금도 저희들이 모이면 서로 속삭이는 터입니다.

아직까지 기억에 남아 있는 몇 토막의 일 가운데에는 제가 5학년 졸업반에 있을 때의 일로, 어느 날 조회 체조가 끝난 뒤에 교사 앞 느티나무 아래에서 스승님을 뵈었을 적에 우연히도 홍수전洪秀全의 이야기가 나왔는데 그때에 스승님은 교과서에 홍수전을 장발적長髮賊이라 한 것에 언급하시와 '적이라니, 한쪽으로서는 대혁명가인데' 하시던 말씀이 지금도 어제 일과 같이 생생하게 기억이 됩니다. 그 뒤에 저가 일본에 유학할 때에 어느 해 하기휴가에 서울을 들른 적이 있었읍니다. 삼청동 댁으로 스승님을 찾아뵈었더니 당시에도 우리나라에서 서지학의 제일인자이신 스승님은 진본 고적古籍의 감식법과 몸소 겪으신 체험을 가지가지로 들려주시와 판본학에 대한 저의 첫 귀를 트여주셨읍니다.

해방 후에는 스승님을 모실 기회가 더욱 많았읍니다. 국사강습회 각 대학강단 국사문제심의회 등등—그 가운데에도 국사문제심의회와 같은 회합에서는 스승님은 언제든지 확정한 사료에 근거하여 정론을 늘 견지하셨습니다. 이도 또한 후진에게 보여주신 스승님의 의연한 기백의 일이었읍니다. 이밖에 국사편찬위원회 고등고시위원회 순국선열 소가족심사위원회 등 여러 회합에서 십여 성상 동안 스승님을 모셨는데 특히 수영애 고 윤석 판사의 고시 합격 때에 환희를 감추시지 못하시던 그 모습이 지금도 눈에 선연합니다.

연연連然히 이 세계를 떠나신 스승님께서는 생사일여의 진리를 진직이 깨치셨습니다마는 인생의 무상을 아직도 느끼게 되는 저희들로는 참으로 슬프고 허전한 마음을 금할 수 없습니다.

스승님은 우리 국사연구의 개척자로서 교단을 통하여 또는 불후의 저술을 통하여 우리의 민족정신과 문화를 천명하신 것은 여기에서 말씀하는 것이 오히려 새삼스러운 일일까. 단지 꾸밈새는 추억의 몇 토막을 더듬어 저의 슬프고 사모하는 심곡心曲의 일단一端을 적어 봅니다.[4]

황의돈은 그의 생애를 되돌아보며 배움길을 세 번에 걸쳐 바꾸며 살아왔다고 회고하였다.

"나에게 과거를 돌아보면 배움의 길을 세 번째 바꾸었다. 초년엔 한문학, 중년엔 사학, 모년暮年에 선학禪學을 배우기에 종사하여 왔다. 그러나 '학서불성지學書不成志하고 학인우불성學釰又佛成'이라 하던 초패왕의 경력과 같이 나도 한문학을 배우다가 이루지 못하고 사학을 배우다가도 완성치 못했다. 그리고 지금은 선학을 배우는 도중이나 아직도 일념一念 만년의 무루無漏경지에 도달치 못했다."[5]

황의돈은 진秦의 초패왕楚霸王 항우項羽(BC 232~BC 202)의 고사에 즐겨 비유하였다. "배우다가 완성하지 못하였다." 또는 자신의 글을 "쇠오줌과 말똥에 비유되는 가치 없는 글이라는 우수마발牛溲馬勃의 문자"라고 겸손하였다.[6] 이는 중

황의돈 추모비(충남 보령)

국 당唐의 문장가 한유韓愈 한퇴지韓退之(768~824)가 지은 명문 가운데 「진학해進學解」에 나오는 말이다. 한유는 학업과 행실을 어떻게 해야 하는지에 대해 학생들에게 가르치며 "학업은 근면한 데에서 정밀하고 깊어지고 노는 데에서 황폐해지며, 행실은 생각하는 데에서 이루어지고 마음대로 하는 데에서 무너진다."[7]라고 했다.

그 동안 선생의 가르침을 받은 문하생은 그 수에 있어서 중학과 대학을 합쳐 수만 명을 헤아릴 것이며, 그 중에는 이미 사회적으로도 각계에서 대성한 노장, 중진급 명사도 많다.[8]

황의돈 추모비를 세우고서

24장
역사와 선을
접목한 사학자,
해원거사 황의돈

해원 황의돈은 일제강점기 엄혹했던 우리 근현대 시기에 신채호, 최남선, 장도빈과 함께 국학과 민족사학의 선구자이자 개척자로서 많은 업적을 남겼다. 젊어서 교단에 선 이후 세상을 떠날 때까지 한결같이 평교사, 평교수로서 후진을 가르치며 국학을 연구한 보기 드문 석학이요 위대한 교육자였다. 황의돈은 학문 연구에 있어 누구에게도 뒤지지 않는 열정가였지만 역시 가르치는 일에 더 정력을 기울였던 것 같다.

황의돈의 사학 연구는 시대를 앞서갔던 선구적·개척적 논고는 많았지만 오늘날의 안목으로 볼 때 방법론적으로 시대적 한계가 느껴지는 부분도 당연히 있다.[1]

국학을 관학파(이희승·방종현·조윤제·김태준·김재철)와 국학파(정인보·이병기·문일평·장지명·안자산·이능화·권덕규·양주동)로 분류할 때 황의돈은 국학파에 해당한다.[2] 그러나 그는 단순한 국학자일 뿐만 아니라 민족의식을 떨친 계몽사학자이자 문화사학자이다. 또 계몽적 민족주의 사학의 정립에 심혈을 기울였고, 역사적 대국에 불교를 포화시키는 역사 철학적 연구를 하였다. 세속에 초연한 보살도의 실천자로서 참선 수행에 전념하였던 거사였다.

황의돈이 본격적으로 선 수도생활에 들어간 것은 1942년 오대산 상상봉의 상원사 서대에서 방한암 대선사와 조우하면서부터이다. 광복 후 1947년 오대산에 다시 입산하여 참선 수행을 하면서 국사 연구를 하였고, 1949년에 다시 하산하여 수원 용주사에서 참선 수행을 이어갔던 것이다. 1950년 6.25전쟁 때는 부산 피난 중에도 범어사 하동산 선사의 지도 하에 선 수행을 하고, 환도 후에 도봉산 망월사와 상도동 백운암에서 참선 수행에 정진하였다. 이러한 선학禪學에의 집념은 만년에 들어서면서 역사학과의 결합 내지 조화로 이루어졌다. 그는 『백성욱 박사송수기념 불교학논문집』에 「역사적 대국의 동향과 불교」라는 논문을 발표하였다. 학문으로서의 역사와 종교로서의 불교를 조화시켜 하나

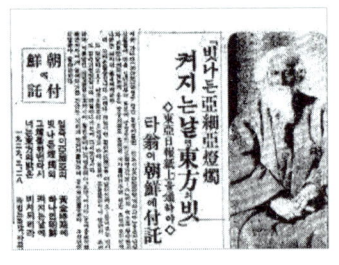

인도의 지성 타고르 관련 기사
〈동아일보〉 1929.4.2.

의 대우주를 형성하는 역사철학적인 이론을 정립하고자 한 것이었다.[3] 황의돈의 이러한 무한의 생명관은 인도의 지성 라빈드라나트 타고르 (Rabindranath Tagore, 1861~1941)의 영향을 받은 것이다.

일찍이 아시아의 황금시기에 빛나던 등불의 하나인 조선
그 등불 한번 다시 켜지는 날에 너는 동방의 밝은 빛이 되리라.[4]

일찍이 한국 최고의 지성이라 불린 고운 최치원은 보령 성주사에 낭혜朗慧 무염無染(800~888)스님의 비문을 지으면서 "새벽 해가 동방에서 떠오르매 그 빛이 만물에 통하고, 봄 바람이 동방에서 일어나매 그 기운이 세상 끝까지 흡족하다."[5]라고 하였다. 또한 고려 후기 이규보와 동시대에 살았던 시인 진화는 문화적 자신감에 넘친 시를 지은 바 있다.

송은 이미 쇠퇴하고 북방 오랑캐(여진족)는 아직 미개하니, 앞서서 기다려라. 문명의 아침은 동쪽(고려)의 하늘을 빛내고자 한다.

타고르가 1913년 영국 캠브리지대학에서 '生의 실현'을 주제로 강연하는 도중에 "무한의 생명을 실현하자!"라고 부르짖자 이 소리를 듣던 서양 사람들이 공감하며 크게 환호했다. 런던 타임즈는 "이는 지상 사람의 소리가 아니며, 천국에 계신 신의 소리다."라고 격찬하는 동시에 "20세기는 타고르의 시대가 되겠다."고 전망했다. 인도사상 즉, 불교사상을 처음으로 서양 사람들에게 전달한 것이다.

"나무아미타불"이라 함이 곧 그 말이다. 나무아미타불이라 함은 곧 인도 산스크리트어로, 한문 역경에서 나무南無는 귀의歸依, 아미타阿彌陀는 장생, 불은 각覺이라고 번역했다. 재해석하면 귀의는 실현, 장생은 무한의 생명, 각覺은 관觀이라고 할 수 있다. 좀 더 쉽게 풀어 쓴다면 "무한의 생명관을 실현하자."가 되는 바이다. 제자 안계현은 그의 생명관을 이렇게 설명한다.

과거에 써놓은 역사 기록을 참고로 하여 현재 또는 미래의 생활개선운동에 도움이 되게 하자 하였다. 역사란 최선의 행복한 생활을 향하여 나날이 펴온 생활개선의 기록이다. 그 생활개선운동을 통해 무한의 생명관生命觀을 실현하여야 한다. 무한한 생명을 실현하자는 것은 나무아미타불이다. 나무는 귀의歸依와 같은 말이므로 실현이며, 아미타는 무량수無量壽와 같은 말로 무한한 생명이라는 뜻이다. 나무아미타불을 외우는 가운데 무한의 생명관을 실현하자는 것이다. 일상 생활에서 생주이멸 또는 생로병사이거나 아상我相·인상人相·중생상衆生相·수자상壽者相 등 4상四相과 탐貪·진瞋·치癡 등 삼독三毒을 없애 무한의 생명관을 실현하여야 한다는 것이다.[6]

나무아미타불, 이것은 곧 팔만대장경의 진리를 요약하고 대표하는 무상 유일의 법어다. 서양사람의 과학이 아무리 진리를 개척하는 열쇠를 가지고 신비 불가사의의 세계를 열어준다고 하여도 오직 시간 세계가 있다는 것을 알았을 뿐이다. 시간 세계를 직관할 방법은 없이 왔고 물질은 불감이라는 것은 알았으나 영혼은 불멸이란 영역까지는 엿보지 못하였다.[7]

타고르는 서구 사상에 대해 도시의 성벽 안에서 태어난 철학이라고 했다. 특정 영역을 분리시키고 지배하기 위하여 성벽을 쌓는 것처럼, 집단과 집단, 지식과 지식, 인간과 자연을 분리시키고 정복하고 지배하여 소유했다는 의미에서다.

고대 인도 사상은 숲속에서와 같이 인간과 자연의 조화, 개체와 우주의 영적인 합일 상태를 지향한다는「생의 실현」이 그 요지다. 일본에서「생의 실현」을 번역할 때 '삼림철학'이라는 부제를 붙인 까닭도 이 때문이다.[8]

동양문명이 낡은 문명이고 서양문명이 새로운 문명이라는 통념과 달리, 서양문명은 이미 저물어 밤을 맞이하였다. 새로운 문명의 빛은 동양에서 떠오를 것이며, 그 동방의 등불을 앞장서서 켜 든 이가 타고르라는 것이다.[9]

황의돈은 이런 생각을 토대로 '무한의 생명관을 실현하자'는 주장을 펼쳤고,

「유심惟心」 1, 47쪽(1918.9.1.)

그 취지와 의미에 대해 강의하고 잡지에 기고하였다.[10] 결국 「역사적 대국의 동향과 불교」[11]에서 50여 년간 구상해오던 역사적 공상과 1만 8천여 시간 실천해 오던 선정적禪定的 체험의 글을 발표하였던 것이다.

닫는 말

2016년 12월 교육부와 한국교원단체총연합회(교총)는 '이달의 스승'에 황의돈을 선정했다. 그해 후보로 선정된 인물은 최규동과 최용신·오천석·김약연·김교신·조만식·남궁억·주시경·안창호·김필례·이시열이었다. 선정 당시 국사편찬위원회와 민간 단체인 민족문제연구소 등은 최규동·김약연·황의돈·이시열 등을 친일 의심을 받고 있는 인물로 검증하였다고 한다. 결과적으로 검증을 거쳐 12월의 인물에 선정된 이는 '국사교육으로 애국사상을 고취시키다 일본 경찰에 의해 파면된 황의돈'이었다.[1]

황의돈은 그 공적을 인정받아 1962년 대통령문화훈장을 수상하였다. 그 해 동국대 교수로서 문교부 산하 독립유공자 공적조사위원회 위원으로 참여하였고, 1963년 내각사무처 산하 독립유공자 상훈심의회 위원이 되었다. 황의돈의 가문에서도 몇 차례 독립유공자 공적 심사서를 제출했는데 적극적인 독립운동 참여 및 활동 후 행적 불분명 사유로 공적 대상에서 제외되었다. 황의돈은 뚜렷한 독립운동의 행적을 남기지 않은 가운데 친일 의심도 받고 있다. 그의 출생지 인근에서 태어난 동명이인이 있어서 그러하다. 또한 『만주제국 조선인』(남창룡·신세림, 2000) 248명 가운데 황의돈이 포함되어 있는 것이 친일 의심의 대표적인 사례이다.

> 만주제국 건국 10주년을 기념하여 신징에 있었던 친일 우리말 신문인 만선학해사에서 발행한 『반도사화와 낙토만주』에 '이조치욕인 당쟁화'·'중고시대'·'고려왕씨의 말로'·'임오군란'·'이조 말엽의 왕실비사'·'역대 국도 일람표와 왕조변천도'·'상고시대'·'반도 서도의 변천'·'조선 성씨의 기원과 발달'·'역사상으로 본 경성' 등 기고했다.[2]

『반도사화와 낙토만주』에 실린 저자 중 최남선은 네 편의 글을 실었는데 두 편의 글 마지막 꼬리에는 분명 군더더기인 줄 알면서도 친일 내용을 첨가하고 있다. 반면, 일제를 찬양하지 않은 올곧은 지식인도 있다. 이 책에 글을 가장 많이 쓴 해원 황의돈 선생이다. 무려 10편의 글을 썼는데 그의 글은 단 한 마디의 친일 논조도 없는 것이 특징이다.[3] 그런데도 종종 해원 황의돈이 친일 인물이라고 오해를 산 까닭은 학계 및 정부기관 조차 같은 시기에 서천군 마산면에서 출생한 황의돈과 혼돈 해왔기 때문이다. 그는 황난○의 장남이며, '송촌의돈松村義敦'으로 창씨개명한 인물이다.『총독부 직원록』에 '서천군 부군도 마산면장(1930~1940)'을 지냈다는 기록이 있으며『지나공적서支那功績書』*(758쪽) 등에서도 친일 행적을 찾을 수 있다.

 '해원 스승님은 우리 국사 연구의 개척자로서 교단을 통하여 또는 불후의 저술을 통하여 우리의 민족정신과 문화를 천명'[4]하였다는 평가처럼 그는 꾸준히 독립사상 고취에 힘쓴 국사학계의 원로였다.

 황의돈은 명동학교 시절 역사과 작문에서 학생들의 작문이 아무리 좋아도 '반일'과 '민족독립'이 없으면 점수를 주지 않았다고 한다.[5] 1911년 대성학교에서 교편을 잡고 있을 때 시험문제로 '국권회복'에 대한 문제를 내고 "폭탄과 암살이 최선책"이란 답에 만점을 줘 학교가 폐쇄된 일화로 유

*지나사변(일본에서 중일전쟁을 일컫는 말) 관계자들을 대상으로 한 공적 조사 내용을 담은 책.

명하다. 황의돈은 1916년 기독교 청년회관에서의 강의 문제로 일경에 체포되어 의숙 교원에서 물러나 서천군으로 낙향하였다. 1920년 8월 보성고등보통학교에서 역사 교재로 『조선통사』를 정대현, 이규방과 같이 만들었으나 경찰에 압수당하였으며 1924년 9월 1일 임야조사위에 불복 신청하였다.[6] 1942년 창씨개명에 반대하다가 57일 간의 옥고를 치루기도 하였다.[7] 1946년 민주주의 독립전선준비위원회 상임위원에 피선되는 등 해방 후 건국사업과 문교부 편수관으로서 국사교육에 투신하였다.

책에서 주목한 것은 황의돈이 근대 역사학을 개척한 문화사학자로서 역사학과 선을 접목한 점이다. 황의돈은 동양사 중에서도 특히 국사가로서 권덕규, 최남선과 함께 3대 국사가였다. 황의돈은 역사학의 태두로서 이능화, 안확, 권덕규, 문일평, 이중화 이병도와 학문적 토론을 하며 스스로 '7인 그룹'으로 불렀다. 7인 그룹은 초기 문화사학자(황의돈·안확·권덕규·이능화), 후기 문화사학자(문일평), 실증사학자(이병도·김상기·신석호), 절충식 경제사학자(이훈구) 등으로 분류된다.[8]

그는 동국대학에 재직하면서 후배 조좌호와 제자 안계현, 김창수 선생 등과 동국사학을 일으키는데 애썼다. 해방 후에는 거사불교운동에 참여하였으며 조계종 전국신도회를 주도하면서 1만 8천여 시간 이상 참선 생활을 하였다. 이러한 선학禪學에의 집념은 만년에 들어서면서 역사학과의 결합 내지 조화로 이루어졌다. 그는 「백성욱 박사 송수기

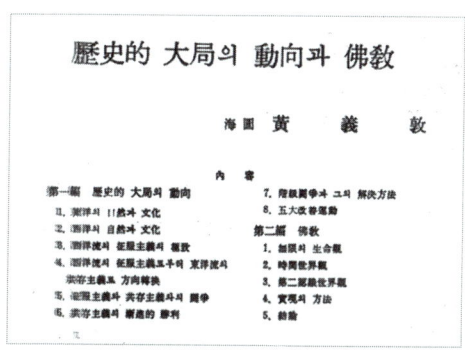

해원문고 해원문고(하)

념 불교학논문집」에 실린 「역사적 대국의 동향과 불교」라는 논제의 글에서, 자신의 학문을 결산하는 의미를 담아 동·서 양사를 포괄하는 역사적 대국의 동향을 언급하면서 불교를 중생제도와 진리 측면에서 논술하였다. 그는 학문으로서의 역사와 종교로서의 불교를 조화시켜 하나의 대우주를 형성하는 역사 철학적인 이론을 정립하였다.[9] 타고르가 무한한 생명을 실현하자고 주창한 데서 나아가 무한의 생명관生命觀을 실현하자고 갈파하였다.

역사는 현재 또는 미래의 생활개선운동에 도움이 되도록 하자는 것이다. 역사는 최선의 행복한 생활을 위해 나날이 펴온 생활개선의 기록이라는 것이다. 그 생활개선운동 가운데 궁극적인 것은 바로 무한한 생명관을 실현하는 데 있다. 나무아미타불 의미는 바로 무한의 생명을 실현하자는 것이다. 나무南無는 귀의歸依와 같은 말이므로 실현이라는 뜻이 될 수 있으며, 아미타阿彌陀는 무량수無量壽와 같은 말이므로 무한한 생명이라는 뜻이다. 나무아미타불을 외우는 가운데 무한의 생명관을 실현하는 것이 생활개선이며 바로 역사라는 것이다.

부록

황의돈 연보

황의돈 연보

1887 충남 서천군 문산면 문장리에서 출생
1907 군산공립보통학교 보습과에서 1년간 수료
1909 북간도 중영촌 명동학교에서 역사를 가르침
1910 안주 안흥학교, 가산 육영학교 등에서 역사를 가르침
1911 평양 대성학교에서 역사를 가르침
1912 대성학교 폐교되자 충남 서천군 서천면으로 낙향
1914 휘문의숙 역사 교원으로 취임
1916 강의 문제로 일경에 체포
1920. 휘문의숙에서 사직
      보성고에서 역사와 조선어, 한문을 가르침
1922·23 조선불교회에서 강연
1924 중동학교 교원 겸임
      조선불교회의 불교잡지 『불일』 편집 동인
1934 진단학회 찬조위원

1938	보성학교 사직 후 조선일보사 기자 활동
1940	조선일보사에서 사직하고 귀향
1942	오대산 서대에서 참선
1945	한국독립당 당무위원인 민족문화교육행정 특보위원
	문교부 편수관으로 역사교과서 편찬업무 담당
1946	문교부 편수관 재직 중 『초등 국사교본』 편수
	식량대책시민위원회 준비위원
	대한독립촉성 전국청년총연맹 강사
	조선민족청년단 이사
	중등교원 강습회(장소: 경기고녀)
	한국사지협회韓國史地協會 발족
	민주주의 독립전선준비위원회 상임위원 피선
1947	건국실천원양성소 강사
	대한불교거사림 발족 참여
1950	부산 금정산 범어사 금어선원 수행
1951	동국대학 교수 취임
	순국선열 유가족 심사위원
1953	동국대 사학과 교수 부임
1955	애국가 작사자 조사위원회 위원활동(안창호설 지지)
	단국대학교 교수 겸임
	문교부 국사편찬위원 위촉
	불교정화추진위원회 구성 활동

	조계종 전국신도회 창립 및 신도회장 피선
1960	3.1독립선언기념비 건립 전문위원
	국방학술연구소 발기인
1961	동국대 교수 정년
1962	명예박사학위 수여
	대통령문화훈장 수상
	역경위원 위원 위촉
	서울시 동명의 '한국식' 제정
	대한불교조계종신도회 제3대 회장 피선
	내각사무처 산하 독립유공자 상훈심의회 위원
	한서협회韓瑞協會 창립총회 발기
	전봉준기념사업회 발족 주도
1964	갑오혁명 기념사업회, 갑오동학혁명사 편찬위원회 고문
	11월 23일 75세를 일기로 서거

저작 목록

○ 국사 개설서 및 교과서

1909·1910	『대동청사』 2책
1920	『조선통사』(황의돈·정대현·이규방 공저)
1921	『조선신사』 1책 (필사본)
1923	『신편조선역사』, 이문당
1926	『중등조선역사』, 홍문원
1929	『증정중등조선역사』, 홍문원
1945	『중등국사』, 계몽사
1946	『초등국사(임시교재)』, 군정청 문교부
1946	『증정 중등조선역사』, 삼중당

◇ 일반 저술

1921	『(철학계 위인)서화담선생전』, 이문당
	『신영철군의 계』(필사본), 경성

1924	『학생서한신체미문』(황의돈·신영철 공저), 홍문원
1935	『방촌선생문집』 14책, 경성: 방촌선생문집 간역소
	(1980 『방촌황희선생문집』(이현종 역, 장수황씨종친회)

◇ 번역서

1953	陳壽 저, 황의돈 역, 『三國誌 : 東夷傳』, 韓國大學出版部

◇ 논설집(모음집)

1961	『해원문고』 상, 동국대출판부
2007	『해원문고』 하, 문원사
1988	『조선명인전』 상·하(공저), 조선일보사 편
	(상권: 김생·탄연·이색 / 하권: 이용·이이·한호·김정희)
1999	『안의사(중근)전』, 윤병석 역편, 『안중근전기전집』, 국가보훈처
1970.3	임명덕(林明德) 역, 『진단풍운(震檀風雲)』, 臺北: 自行出版

◇「해원문고」상,하에 실리지 않은 논설

1921	「삼대문화의 원류」, 『중학강의록』 2, 조선통신중학관, 1921.
	「갑오혁신운동과 전봉준」, 『개벽』 23, 1921.4.5.
1928	「明治 15年の京城の變 1-6」, 『조선사상통신』, 조선사상통신사
1938	「봉은사와 그 유물」, 〈조선일보〉 1938. 4.1.
1939	『동안거사집』 중·하, 〈조선일보〉 1939.6.13·14.
	「역사상으로 본 소 이야기」, 『농업조선』 2-2

	「금(金)에 대한 소고」, 『광업조선』 4-3, 대동출판사
	「예법강좌 행신처서 부인네의 조선예법 가르침」 1-4, 1939.7.10.
1940	「최고의 문자 : 수필」, 『문장』, 1940.11, 문장사
1943	「상고사 연구」, 『반도사화와 낙토만주』, 1943 ; 『한국학연구총서』 1, 성진문화사 편. 1972.
	「중고사 연구」, 『반도사화와 낙토만주』, 1943 ; 『한국학연구총서』 1, 성진문화사 편. 1972.
1946	「최근세사」, 『혁명』
1946~47	「조선예법가르침」, 『부인』, 부인사, 1946~47.
1952	「한국해군 소사」, 『제해(制海)』 6, 해군사관학교
1955	「역사상으로 본 세계 문국(文局)의 동향」, 『청사』 창간호, 청사편집위원회, 1955. 6.
1956	「역사와 위사」, 『신태양』 9월호, 1956.
1959	「무한의 생명관과 불교사상」, 『현대불교』 1, 1959 ; 심재열, 『한국 불교포교대전』 서울 ; 보련각, 1985.
1962	「우리나라 지방행정제도의 변천」, 『내무행정』 11.5(103)-11.9(107), 1962년 5월~9월.
	「원측법사와 원효대사」, 『불교사상』 11, 불교사상사, 1962.9, 서울 ; 한국인문과학원, 1998.
1964	「황희」, 「을파소」, 미발표분.

주

책 머리에

1) 필자는 동대 건학 100주년·동국사학 사학 60주년 기념 한국사 분야에서 하정 안계현 선생의 추념 발표회를 한 바 있었다. 황인규,「하정 안계현과 한국불교사학」,『동국사학』41, 2006 ; (5)「현대한국의 불교학자 11, 안계현」,『불교평론』2022.12.28.
2) 교양 글을 소개하면 다음과 같다. 김창수,「세속에 초연했던 해원선생」,『신동아』2월호, 1968 ; 김창수,「해원 황의돈론」,『새교육』233, 대한교육연합회, 1974.3 ; 안계현,「해원거사 황의돈 박사」,『법륜』, 월간 법륜사, 1978.2 ; 김창수,「한문 사학 참선으로 일생을 엮은 해원 황의돈 – 유마의 후예들」,『대원』43, 대원정사, 1986.6 ; 김창수,「세속에 초연했던 해원선생」,『신동아』1920년 2월호 ;『역사와 민족』, 삼문, 1990 ; 김창수,「계몽사학을 개척한 황의돈」,『역사와 인간상』, 동방도서, 1992 ; 심승구,「제5장 황의돈」, 조동걸·한영우·박찬승,『한국의 역사가와 역

사학』하, 창작과비평사, 1994 ; 이재성, 「역사와 선의 만남 해원 황의돈 선생」, 『불교와 문화』 10(30), 대한불교진흥원, 1999.7 ; 임혜봉, 「제5절 3·1운동과 불교계의 항일인물들 7. 불자 황의돈의 항일운동」, 『일제하 불교계의 항일운동』, 민족사, 2001.

3) 그 동안 황의돈에 대한 연구 성과를 소개하면 다음과 같다. 박영석, 「해원 황의돈의 민족주의사학」, 『산운사학』 1, 산운학술문화재단, 1985 ; 심승구, 「해원 황의돈의 역사학 연구」, 『북악논총』 9, 국민대, 1991 ; 김한종, 「민족주의적 성향이 강했던 초등용 역사 교과서」·『역사교육으로 읽는 한국 현대사』, 책과 함께, 2013 ; 박종린, 「조선사의 서술과 역사지식의 대중화—황의돈의 중등조선역사를 중심으로」, 『역사문제연구』 31. 2014 ; 박종린, 「해방 직후 한국통사서와 증정 중등조선역사」·『민족문화연구』 64, 2014 ; 김봉석, 「초등국사교본의 특징과 역사인식」, 『사회과교육』 47-1, 2008 ; 민성희, 「해방 직후(1945~1948) 황의돈의 국사교육 재건 활동」, 『역사교육연구』 21, 2015 ; 박인호, 「황의돈의 한국고대사 인식과 역사 계승 인식」, 『한국고대사 계승 인식 2 - 현대 편』 동북아역사재단 2019.

그리고 최근에 황의돈에 관련하여 두 편의 발표가 있었다. 김수태, 「해원 황의돈의 역사학」, 보령문화원, 2022.5.12 ; 황상준, 「역사학자이자 선수행자인 해원 황의돈」, 한국종단협의회, 2022. 12.6.

1장. 황윤길과 황즙이 경인통신사로 일본을 다녀오다

1) 송재문집편찬위원회, 「山前 許筬」(1615), 『송재집』, 화상사, 1993, 114쪽, "황군은 나의 西隣에서 죽마의 벗으로 지냈는데 지금은 세상을 떠났다."
2) 李好閔(1553~1534), 「有明朝鮮國宣務郞禮賓寺宜長贈通政大夫承政院左承旨兼經筵參贊官黃君墓碣銘 幷序」, 『五峯先生集』 卷15, 碑銘 墓誌, "僕世居漢城之盤松坊 黃君實同鄰生 叩筬與遊 少於僕七歲 常肩隨焉 君早喪怙恃 養於堂叔黃參判松堂家."
3) 李好閔(1553~1534), 「有明朝鮮國宣務郞禮賓寺宜長贈通政大夫承政院左承旨兼經筵參贊官黃君墓碣銘 幷序」, 『五峯先生集』 卷15, 碑銘 墓誌, "壬辰之亂 君避地忠淸道之庇仁縣 每時節往來展視先塋 仍過漢城 得與僕見而慰焉 邇來闕然不得見者且累歲矣 昨其孫廷直袖所爲家牒來日 先君於癸丑 正月十七日逝 同年五月初四日 葬于藍浦縣緇山麓亥向之原 敢請一言 以表幽隧 僕就執其手日 嗚 黃君亡且葬 且再碁耶 今而始使僕知 可知其鄕之僻矣."; 황즙 입안 문건(1776년, 고양시 고시 제2018-194호).
4) 조신통신사는 1590년(선조23) 조선에서 일본의 조선 침략에 대한 소문의 진위를 확인할 목적으로 파견한 통신사이다. 경신신사(庚申信使)라고도 한다.
5) 李好閔(1553~1534), 「承政院左承旨兼經筵參贊官 黃君墓碣銘 幷序」, 『오봉집』 권15, 碑銘, 墓誌.
6) 『국조보감』 권30, 선조 24년 3월, "二十四年春三月, 通信使黃允吉等回自日本, 倭使平調信等偕来, 允吉馳啓情形, 以爲必有兵禍. 旣復命, 上引

見而問之, 允吉對如前, 誠一日, 臣則不見如許情形, 允吉張皇論奏, 搖動人心, 甚乖事宜. 上問秀吉何狀, 允吉言其目光爍爍, 似是膽智人也. 誠一日, 其目如鼠, 不足畏也. 蓋誠一憤允吉到彼怯慴失體, 故言言相左如此."

7) 황의돈, 「제13장 임진왜란(壬辰倭亂)」, 『대동청사』.
8) 족보에는 "임진왜란이 터지자 선조는 다시 그에게 병조판서를 내렸는데 이미 죽어서 이를 받지 못했다."라고 하였다.
9) 『장수황씨호안공파보』, 2000.
10) 송재문집편찬위원회, 〈동아일보〉 2001년 4월 28일 ; 신용복, 『한국사 새로보기』, 풀빛, 2001.

2장. 황즙과 황정직이 서천에 정착하다

1) 李好閔(1553~1534), 「承政院左承旨兼經筵參贊官 黃君墓碣銘 幷序」, 『오봉집』 권15, 碑銘, 墓誌.
2) 정구복, 「경인통신사 황윤길의 역사적 재조명」, 방촌황희선생사상연구회편, 『백성의 신(臣) 황희와 그 후예들』, 책미래, 2018, 247~248쪽. 254~258쪽.
3) 송재문집편찬위원회, 「칠우당기」, 『송재집』 84쪽, "소나무, 대나무, 국화, 매화, 벽오동, 오란, 철쭉 일곱 가지는 실제 나의 평생 함께 즐길 벗들이다. 그러므로 드디어 나의 당의 이름을 지어 칠우당(七友堂)이라 하였다."

4) 李好閔(1553~1534), 「承政院左承旨兼經筵參贊官 黃君墓碣銘 幷序」, 『오봉집』 권15, 碑銘, 墓誌.
5) 이러한 비문은 그의 유고집 『해원문고』 하편에 집성되어 있다.
6) 황의돈 추모비에는 "충남 서군 문산면 문장에서 출생 성장하시고 보령 웅천에 移居하셨다."라고 되어 있다.
7) 황정직이 부친 황즙의 왜란 중 공헌을 포상해 주기 원하는 상소를 1616년 비인 저동에서 올렸고, 모친 임씨가 광암에서 1622년 사망한 것에서 근거한다. (황돈연 증언 및 송재집 연혁)
8) 황의돈, 「雙碧堂公 墓表陰記」, 『해원문고』 하, 문원사, 2007.
9) 安弘重, 「追遠寺記」, 『송재집』 129~131쪽.
10) 황의돈, 「中直大夫行平市署奉事 長水黃公諱大鳴之墓」, 『해원문고』 하, 문원사, 2007.
11) 황의돈, 「禦侮將軍 行忠淸道水軍虞候 長水黃公 諱有孫之墓碑銘」, 『해원문고』 하, 문원사, 2007.
12) 황의돈, 「成均生員 長水黃公 諱晚曾之墓」, 『해원문고』 하, 문원사, 2007.
13) 홍영기, 「석전 황원의 생애와 저술」, 『우국지사 석전 황원을 만나다』, 순천대박물관, 2015, 183쪽.

3장. 서천에서 태어나 보령에서 한학을 배우다

1) 족보 "乙酉(1885, 고종22) 逸薦拜繕工監役 以壽職拜 敦寧府都正 階嘉善." 돈녕부의 도정은 고종 때 일반 관원이나 생원·진사 등에게 특별히 제수되기도 하였다. 사서에 등장하는 黃泰顯는 동명이인이다. 『조보』 217 철종 11년 8월 8일에 "昭寧園守奉官"이었다거나 『승정원일기』 3000책(탈초본 137책) 고종 27년(1890) 8월 8일에 "黃泰顯爲昭寧園守奉官."
2) 「황의돈선생 약력」, 『황의돈선생고희기념 사학논총』, 동국사학회, 1960, "1921.2.16. 대부인 전주이씨 별세하심"; 외간상[外艱喪] 아버지의 황기주(黃麒周, 1865~1928)의 상사(喪事)가 신문에 실렸다. 〈조선일보〉 1928.1.24. 保寧郡 鄕第에서 遭外艱喪.
3) 제적등본에는 開國 495年(1886, 명치9) 9월 2일 출생한 것으로 되어있으며, 『동국사학』이나 『고희논총』의 약력, 『박사학위취득록』이나 추모비에는 1890년생이다.
4) 「고 해원 황의돈박사 약력」, 『황의돈선생고희기념 사학논총』, 동국사학회, 1960.
5) 黃義千, 「해원황의돈박사추모비」, 2001.
6) 해원 황의돈은 집안에서 전해오는 학문에는 힘쓰지 않았으며, 邦故에 해박하였고 禪法에 조예가 깊었다.
7) 공립 군산보통학교는 1907년 4월 1일 인가되어 5월 13일 개교되었으며, 1911년 4월 1일에 군산보통학교로 개칭되었다.
8) 서간문: 어머님께 드리는 글월, "열 다섯해 동안을 어머님 앞에서 지냈

습니다. 겨우 사랑의 때가 가시자마자 어미님 곁을 떠나오니".

9) 일설에는 인천 신흥소학교 전퇴, 전라북도 군산소학교 전퇴, 전라북도 전주소학교 졸업이라고도 하는데 확인이 필요하다. 『신영철의 게』「南陽同窓會序」에 의하면 황의돈은 1912년 5월 10일에 개교한 서천공립보통학교 창립 7주년을 기념하여 동창학우회에서 남양동창회(南陽同窓會)의 서(序)를 지었다. 황의돈은 군산공립보통학교 보습과를 졸업한 후 서천공립보통학교를 다녔던 듯하다

10) 조선총독부 및 소속관서 직원록 1919년, '安鳳泰: 泰川郡 東面長.' 안봉태는 조선총독부 및 소속관서 직원록 1919년 기록을 보면 泰川郡 東面長이었다.

11) 〈대한매일신보〉 1909.1.1. 院興將興, "(평북) 泰川郡 院興里 安鳳泰시가 學校를 創設ᄒ고 教師黃義敦시를 延聘ᄒ야 青年子弟를 熱心教育ᄒ다더라."

12) 〈황성신문〉, 1910.7.10. 「四氏向南」.

13) 보령시, 「제1편 성씨인물」, 『보령시지』 상, 2020.

4장. 만주 명동학교, 평양 대성학교에서 가르치다

1) 한정섭, 「32.황의돈」, 『내가 만난 선지식』, 불교통신교육원, 2012, 108~110쪽.

2) 한정섭, 「32.황의돈」, 『내가 만난 선지식』 불교통신교육원, 2012, 109쪽.

3) 〈조선일보〉 1930.2.13, 「新民府軍事委員長 金佐鎭被殺確實」; 〈동아일보〉 1930.2.13, 「凶報를 確傳하는 白冶金佐鎭訃音」 또한 신민회 인사들과 교류가 있었고, 또한 일제의 기록이기는 하지만 경성 모 사립학교 명예교장을 했다는 기록이 있다. 機密 第99號-機密受第107號 「大韓獨立軍團 參謀 李楨이 陳述한 金佐鎭의 行動 및 一派 不逞鮮人團의 情況等에 관한 件」, 『불령단관계잡건』 조선인부 재만주부 38, 1924년 4월 9일 ; 이성우, 「백야 김좌진의 국내민족운동」, 『호서사학』 44, 2006, 65쪽.

4) 백야 김좌진 장군의 생애와 업적 ; 〈동북아신문〉 2009.5.16. http://www.dbanews.com

5) 김창수, 『역사와 인간상』 서울 ; 동방도서, 1992, 320쪽.

6) 문동환 목사 02, 「잘생기고 착한 형 익환」 ; 길진리생명 https://waytruthlife.tistory.com/33

7) 이윤갑, 「도산 안창호의 민족운동과 공화주의 시민교육」, 『한국학논집』 67, 2017, 49쪽.

8) 『평양 대성학교와 안창호』, 〈조선일보〉, 金瀅植 『삼천리』 4-1, 1932.1.1. 「나의 母校와 恩師」.

9) 「사진과 함께 읽는 인물 '정재면'」, 재외동포기자 24시, 2023.1.13. https://www.korean.net/portal/customer

10) 김용덕, 『한국사의 탐구』, 을유문화사, 1971 ; 「1910년대의 기독교와 민족주의」, 183쪽.

11) 차리석, 『도산선생 약사』, 1932, 3쪽 ; 장석흥, 「제2장 민족운동에 투신하다. 대성학교의 교육과 교사들」, 『임시정부의 큰 버팀목이었던 차

리석의 생애평전」, 역사공간, 2010. 대성학교가 폐교된 시기는 1921년 장응진 이하 교직원 다수가 被囚됨에 桂昌黙, 이상래 등 소수의 교원과 함께 최후까지 학교를 지키다가 일정의 압박으로 폐교하게 된다.

12) 權鍾華,「與黃友(麒周)書(乙巳1905 八月)」,『덕촌집』 6.

13) 三無私는 공자가 사심이 없는 세 가지에 대해 말한 것으로 하늘, 땅, 해와 달처럼 사심 없이 천하를 위해 봉사하는 일이다. 곧 지극히 공평한 것을 지칭한다.

14) 權鍾華,「與黃義敦書(癸丑1913 至月)」,『덕촌집』 6 ; 權鍾華,「與黃義敦書(甲寅1914 二月)」,『덕촌집』 6 ; 權鍾華,「答黃義敦書(甲寅1914 二月)」,『덕촌집』 6.

15) 權鍾華,「黃生義敦歸鄕鬱蟄之餘 感時雨支離 惹出鬱懷 而四顧無人贈詩二律求斤正 故念拙敲評 又次其韵構四首以答」,『덕촌집』 3 ; 權鍾華,「與黃義敦坐鳥幕共吟」,『덕촌집』 3 ; 權鍾華,「和黃義敦挽袁總統韻(二首)」,『惠村集』 1 ; 權鍾華,「黃義敦送壹酒大飮後詠送」,『덕촌집』 1 ; 權鍾華,「喜黃義敦來訪」,『덕촌집』 2 ; 權鍾華,「與黃義敦共吟」,『덕촌집』 2 ; 權鍾華,「與黃義敦共吟」,『덕촌집』 2 ; 權鍾華,「與黃生義敦共吟」,『덕촌집』 2 ; 權鍾華,「與黃義敦共吟」,『덕촌집』 2.

5장. 우리나라 최초의 근대 역사교과서『대동청사』를 저술하다

1) 조동걸,『현대한국사학사』, 나남, 1998, 149쪽.

2) 조동걸, 「한국 근대사학의 성립과 현대 역사학」, 『우사 조동걸전집』 ; https://www.krpia.co.kr

3) 한국학중앙연구원, 고려대 등에 등사본 『대조선사(大朝鮮史)』가 있는데 김현숙, 박걸순 등은 황의돈의 강의록을 정리한 것으로 보았다. 김현숙, 「한말 '민족'의 탄생과 민족주의 담론의 창출 – 민족주의 역사서술을 중심으로」, 『한국동양정치사상사연구』, 5-1. 2006 ; 박걸순, 「朴殷植의 歷史認識과 大東史觀」, 『국학연구』 11, 국학연구소, 2006. 그러나 박인호는 책의 내용이나 황의돈 자신이 언급한 사실이 없다는 점으로 보아 『대조선사』는 황의돈의 저술이라기보다 안창호가 여러 사람의 저술을 바탕으로 정리하여 강의안으로 만든 것을 학생들이 정리한 것으로 보았다. 박인호, 「대조선사」, 『한국민족문화대백과사전』, 1988 ; 박인호, 「황의돈의 한국고대사 인식과 역사계승 인식」, 임상선 편 『한국고대사 계승 인식』, 동북아역사재단, 2019, 261쪽.

4) 박걸순, 「朴殷植의 歷史認識과 大東史觀」, 『국학연구』 11, 국학연구소, 2006, 69~72쪽.

5) 김명철, 「근대 전환기 한국 지식인의 진보적 시간의식 연구」, 서울대 석사학위 논문 2019, 30쪽.

6) 조동걸, 『현대한국사학사』, 나남, 1998, 63쪽.

6장. 휘문학교에서 역사를 가르치고 보령에서 청년운동을 하다

1) 황의돈은 1916~1922년 휘문의숙의 교사로 있었다.(『휘문 100년사』 부록 193쪽)
2) 휘문중고등학교, 『휘문 70년사』, 휘문중고등학교, 1976, 143쪽.
3) 위의 책, 141쪽.
4) 변극, 「나의 인생 나의 철학 2」, 『나의 변증선 나의 일기』, 원광대학교 원불교사상연구원 편, 22~23쪽.
5) 김필동·최태한, 「한국사회학의 개척자 김현준의 재발견」, 『사회와 역사』 122, 2019, 61~62쪽.
6) 박종화, 『월탄회고록』, 〈한국일보〉 1973.1.13 ; 『휘문 70년사』 150쪽 ; 『휘문 100년사』 116쪽.
7) 그의 약력에 의하면 다음과 같이 서술되어 있다. "1916년 기독교 청년회관에서의 국사 강의가 왜경에 문제가 되어 드디어 휘문 교원을 사면하고 서천군 鄕第에서 국사 연구와 청년 지도에 종사함."
8) 보성 80년사 편찬위원회, 『보성 80년사』 1986.9.
9) 權鍾華, 「與黃義敦書(丙辰1916 二月)」, 『덕촌집』 6 ; 權鍾華, 「黃義敦孝行錄(丙辰1916 七月)」, 『덕촌집』, 7.
10) 權鍾華, 「黃義敦孝行錄(丙辰1916 七月)」, 『덕촌집』, 7.
11) 이헌구, 「해원 황의돈선생」, 『황의돈고희논총』, 1959.12.16, 2쪽. "3.1운동이 일어나기 전까지는 주로 금강산에서 수학하시다가 이 새 기운을 마지막 다시 속세에 나오셨다."; 權鍾華, 「送申瑩澈遊金剛山序(戊

午1918 八月)」,『덕촌집』 4, "1918년 가을 7월에 黃義敦이 그 동년인 신영철이 금강산에 유람 가는 시를 지어 나에게 주었는데…."

12) 「황의돈선생 약력」, 『황의돈선생 고희기념 사학논총』, 동국사학회, 1960, 2쪽, "1919 경성에서 3.1운동에 참여."

13) 김창수, 「계몽사학을 개척한 황의돈」, 『역사와 인간상』, 동방도서, 1992, 320쪽.

14) 웅천초등학교는 1905년 4월 남포 공립보통학교에서 분리 개교하였다. 1909년 5월 보조 보통학교로 지정되었으며, 1911년 2월 갑종 보통학교로 지정되었다. 1917년 11월 화정 공립보통학교로 개칭하였으며, 1928년 2월 웅천 공립보통학교로 개칭하였다.

15) 〈매일신보〉 1920.9.7. 청년회 창립총회 ; 〈동아일보〉 1920.9.3. "忠淸南道 保寧에 保寧靑年會가 조직되다." ; 〈동아일보〉 1920.9.19. 保寧靑年會 評議會開催 ; 〈동아일보〉 1921.5.23. 保寧靑年會開催(靑陽).

16) 보령시, 「제1편 성씨인물」, 『보령시지』 2010.

17) 『신영철군의계』에 의하면 「送黃兄歸故園序 申藥圃(鉉定)선생 庚申1920년 2월」.

7장. 보성학교, 중동학교에서 역사를 가르치다

1) 보성고는 학제의 변동에 따라 다음과 같이 교명이 변동하였다. 私立普成中學校(1906~1913), 私立普成學校(1913~1917), 私立普成高等普

通學校(1917~1922), 普成 高等普通學校(1922~1938), 普成中學校(1938~1945)이다.

2) 『보성 80년사』에서는 황의돈이 보성고에 부임한 시기가 1920.4.1.이라고 되어 있으나 『보성 100년사』 762쪽에서는 1920.8~1938.4.이라 하며 보성고 근속 18년이라고 하였다.(『보성 100년사』 579쪽) "1920년 8월 普成高等普通學校에서 역사, 조선어, 한문을 가르침. 1920.8~1938.4 보성중고등학교", 『보성 80년사』, 1986, 262~263쪽.

3) 보성중고등학교, 『보성 80년사』, 1986, 264쪽.

4) 1935년 3월 현재 보성고등보통학교 교직원은 다음과 같다. 김경홍 교장, 황의돈 역사, 이규방 조선어(보성중고등학교, 『보성 80년사』, 1986, 437쪽).

5) 보성중고등학교, 『보성 80년사』, 1986, 475쪽.

6) 보성중고등학교, 『보성 80년사』 1986, 439쪽.

7) 『별건곤』 47, 學界漫話, 1932.1.1.

8) 한국수산문제연구소장, 『보성』 6호 1970.1.15 ; 보성중고교우회, 『보성 100년사』, 2006, 272쪽.

9) 원용석, 「나라 빼앗긴 아쉬움에 弟子 지도에 더욱 熱誠, 中學 시절 恩師 故 黃義敦 선생님」, 1982, 208~209쪽.

10) 〈조선일보〉 1978.5.21. 내가 걸어온 사도〈88〉 (3) 정상진.

11) 이헌구, 「헌사」, 『황의돈선생 고희 사학논총』, 동국대출판부, 1960.

12) 위와 같음.

13) 「조명기 박사에 들어본 중앙불전 시절」, 〈동대신문〉.

14) 김창수, 「계몽사학을 개척한 황의돈」, 『歷史와 人間像』, 東方圖書, 1992, 321쪽.
15) 중동중고등학교 총동문회, 『중동백년사 동문사』, 2007, 152쪽.
16) 보성 100년사 편찬위원회 편, 『보성 100년사』, 2006, 334~345쪽
17) 『가람일기』 1931.2.14 · 1932.5.13.
18) 보성중고등학교, 『보성 80년사』, 1986, 262~263쪽.

8장. 우리나라 최초로 저작권 소송을 제기하다

1) 〈동아일보〉 1924.12.6. '반만년역사 법정에서 말썽' ; 〈동아일보〉 1925.12.2. 저작권사건 일심불복 공소.
2) 현백 현채가 지은 『중등교과 동국사략』을 1924년 수정하여 『동국제강(東國提綱)』으로, 1928년 『반만년 조선역사』로 간행하였는데 완전히 다른 책이다.
3) 〈동아일보〉 1924.8.17. 『반만년 역사』로 저작권침해 소송.
4) 박정동은 한성사범학교와 위문의숙 등 교사와 교남학회 흥사단, 학의 계열인 시천교 등에서 활동하였다. 저서로는 『初等大東歷史』, 『初等修身』, 『初等本國地理』, 『新撰理化學』, 『新撰家政學』 등의 교과서를 집필하였다.
5) 〈매일신보〉 1924.1.15 ; 〈조선일보〉, 1925.1.29.
6) 〈시대일보〉, 1926.5.20.

7) 〈조선일보〉 1926.5.23.
8) 〈조선일보〉 1927.4.6.
9) 〈조선일보〉 1924.12.4 ; 〈조선일보〉 2023.2.20. 조선일보에 비친 '모던 조선, 77년 전 터진 '조선 初有의' 저작권 소송 사건, https://www.chosun.com
10) 〈조선일보〉 1932.2.26.

9장. 『신편조선역사』와 『중등조선역사』를 편찬하다

1) 박종진, 「조선사의 서술과 역사지식 대중화 : 황의돈의 중등조선역사를 중심으로」, 255쪽.
2) 조좌호, 「황의돈추모사」, 『동국사학』 8, 1965.2.3.
3) 〈조선일보〉 1982.3.10. 「내나라 긍지 심어주자」 서영훈(대한적십자 사무총장).
4) 황의돈, 「緒言」, 『중등조선역사』, 홍문원, 1926.
5) 1923년 9월 『신편조선역사』 발행 이후 1929년 10월까지 4판이나 발행되었다.
6) 황의돈의 '조선사' 서술 및 역사 대중화 과정에 대해서는 박종린, 「朝鮮史'의 서술과 역사지식 대중화—黃義敦의 『中等朝鮮歷史』를 중심으로」 『역사문제연구』 31, 2014.
7) 中等學校敎育硏究會, 『普通朝鮮歷史』, 明文堂, 1932.

8) 권덕규는 1913년 휘문고등보통학교(휘문의숙)을 졸업한 뒤, 휘문고보, 중앙고보 등 중등학교에서 국어와 국사를 가르쳤다. 주시경의 직계 제자의 한 사람으로 1921년 12월 3일 조선어연구회(현 한글학회) 창립에 주시경과 함께 참여하였고, 한글맞춤법통일안 제정과 『조선어큰사전』 편찬에 참가한 한글학자이다.
9) 심승구, 「제5장 황의돈」, 『한국의 역사가와 역사학』 하, 창비, 1994, 126쪽.

10장. 중등학교 교사로서 초기 문화사학을 개척하다

1) 김인회, 「근대 한글 간찰서식집연구」, 『고문서연구』 51, 2017, 325~326쪽.
2) 이어 삼대문화의 원류, 호서학우회 통지서, 與鄭栢君書(志鉉), 이태리 오페라극을 보고서, 축사 보성교우회보 창간사, 與朴芝山(重華)書, 上趙斗南(觀夏)先生書, 江華添星壇重修碑, 慈烏詩 譯, 乞人을 보고, 가정산문의 창간함을 비름, 送黃兄歸故園序(申藥圃(欽定)先生), 南陽同窓會序,(一舒川公立普通學校同窓學友 創立 7週星霜), 林炳○君의게 붓침, 어느 일요일밤, 祭具公(日濟)文, 楓嶺贈小菴老僧 등이다.
3) 『新體美文 學生書翰』은 역시 낙장으로 확실한 출판 연대를 알 수 없었으나 책의 서문 끝에 '甲子 六月 朔'이라고 되어 있어 1924년으로 확정할 수 있다.
4) 『新體美文 學生書翰』은 「서문 대신에」 4쪽, 한글 간찰서식집 158쪽, 「附錄應用 書翰文套式類語集」 54쪽으로 총 214쪽으로 합본되어 있다. 목차

는 (1)객지(客地)에 계신 조부(祖父)님께 올님 (2)객지(客地)에 계신 조부(祖父)님께 올니는 답장(答狀) (3)집에 계신 조부(祖父)님께 올님 등이다.

5) 『新體美文 學生書翰』 326~327쪽.

6) 中村素山, 『美文 日本書翰文』, 嚴松堂(〈동아일보〉 1923.2.19. 광고) ; 『동광』 1927.4. 광고 ; 柳春汀, 『模範詩的美文 最新文學書簡集』, 경성각서점(『삼천리』 1935.11. 광고). 근대문학 100년 연구총서 편찬위원회, 「논문으로 읽는 문학사 1(해방전)」, 소명출판.

7) 平山瑩鐵 編, 康德10(1943), 『半島史話と樂土滿洲』 新京 ; 滿鮮學海社. 수록된 황의돈의 논설은 다음과 같다. 「上古史硏究」, 「半島書道의變遷」, 「朝鮮姓氏의起源과發達」, 「中古時代」, 「高麗王氏의末路」, 「李朝恥辱인黨爭禍」, 「壬午軍亂」, 「李朝末葉의王室秘史」, 「歷代國都一覽表와王朝變遷圖」, 「歷史上으로본京城」.

8) 1980년 이현종 한글로 번역하여 장수황씨종친회 편으로 『방촌 황희선생 문집』이 간행되었다.

9) 황의돈, 『황의돈문고』 상, 동국대출판부, 1961 ; 황의돈, 『해원문고』 하, 문원사, 2007.

10) 황의돈, 「高麗刊本 動安居士集」, 『朝鮮日報』, 1939 ; 황의돈, 「昭明正確한 帝王韻紀」, 『朝鮮日報』, 1939 ; 황의돈, 「朝鮮史 硏究의 根本史料」, 『東光』 6, 1926 ; 황의돈, 「壇君考證에 對한 新記錄의 發見」, 『東光』 7, 1926.

11) 황의돈, 「上古史 硏究의 史料」, 『半島史話と樂土滿洲』 滿鮮學海社, 1943.

12) 황의돈,「新羅國民의 産業的活動」,『朝鮮教育』 2, 1920 ; 황의돈,「新羅의 燦然한 文明과 新羅民衆의 榮華」,『三千里』 1-1, 1929.

13) 황의돈,「國史研究의 基本知識」,『法經論說集』, 高試學會, 1954 ; 新羅國民의 産業的 活動」,『조선교육』 2, 1920 ;「해원문고」하, 2007 ;「文化發展을 催促하라」,『개벽』 6호, 1920.12 ;「해원문고」하, 2007.

14) 황의돈에 이어 李丙燾가『朝鮮史大觀』에서 '계몽운동'을 소개하였고, 孫晉泰는『國史大要』에서 그것을 '애국계몽운동'이라 했다.

15) 김창수,「10. 계몽사학을 개척한 황의돈」,『역사와 인간상』, 동방도서, 1992.

16) 조동걸,『현대 한국사학사』, 나남출판, 1998, 238쪽.

17) 임종권,「랑케의 실증주의와 한국 실증주의 사학」, 한가람문화연구소, 2017.

11장. 일제강점기 조선불교 발전을 위해 노력하다

1) 김순석,「조선불교단 연구」,『한국 독립운동사연구』 9, 1995.
2) 〈동아일보〉 1922.2.25. 모임.
3) 〈매일신보〉 1922.11.25. 조선불교대회.
4)『불일』의 발행 주체는 명확치 않다. 다만 창간호, 2호에 투고처를 '朝鮮佛教會內(경성부 낙원동 50번지)의 편집부라고 한 것을 보면 일단 조선불교회가 발행을 주도한 것으로 이해할 수 있다. 그리고 편집 동인(김익

승, 김세영, 박한영, 백상규, 백우용, 양건식, 이능화, 최남선, 황의돈, 권상로)의 일부가 조선불교회의 발기인에 포함됨을 보면 더욱 그러하다. 김광식, 「일제하의 역경」, 『대각사상』 5, 53쪽.

5) 한용운이 1914년에 조직한 '조선불교회'와 그 단체명은 같지만 그 성격이 다름에 유의해야 한다.

6) 『어린이』 제5권 1호 1927.1 ; 『어린이』 제7권 1호 1929.1.

7) 『불교』 25, 54면, 불교소식.

8) 김광식, 「근대불교의 청소년포교와 조선불교소년회」, 『대각사상』 8, 2005, 26~27쪽.

9) 『불교』 25, 1926.7.1. 朝鮮佛敎少年會 1926. 6.15 창립총회(각황사)

10) 불교사, 『불교』 28, 1926.1. 少年欄 ; 조선불교소년회 祝辭.

11) 〈매일신보〉 1927.9.25. 5면, 佛敎少年會 任員을 改選.

12) 『불교』 56

13) 1929.5.26. 각황사 일요강화 황의돈 ; 「조선문화와 불교」.

14) 〈조선일보〉 1930.5.6. '1930년 5월 5일 밤 석존강탄축하의 불교대강연'

15) 『동아일보』 1936.1.7. : 『해원문고』 하, 2007.

16) 『조선일보』 1939.5.6.

12장. 언론계 향토문화조사사업에 참여하여 문화유산을 정립하다

1) 보성중고등학교, 『보성 80년사』, 1986, 262~263쪽.
2) 「황의돈선생 약력」, 『황의돈선생 고희 기념 사학논총』, 동국사학회, 1960.
3) 〈조선일보〉 1938.4.1.
4) 〈조선일보〉 1975.3.5. 조선과 민족문화 본사 사업.
5) 〈조선일보〉 1994.3.5 컬럼·논단 일제의 탄압 맞서 식민사관 타파.
6) 〈조선일보〉 사료연구실, 「"비협력자"로 찍힌 "고인돌"의 사학자-황의돈」, 『조선일보 사람들 ; 일제강점기 편』, 서울: 랜덤하우스중앙, 2004, 440~442쪽.
7) 『가람일기』 1939.3.13.
8) 위와 같음.
9) 김관호, 「심우장 견문기」, 『한용운사상연구』 2, 참글세상, 2010, 281쪽 ; 김광식, 『첫 키스로 만해를 만나다』, 장승, 2004, 220쪽
10) 조용만, 『30년대의 문화예술인들』, 범양사출판부, 1988, 322쪽.
11) 김광식, 앞의 책, 220쪽 ; 배경식, 「1930년대의 문학지형과 한용운의 삶」, 『불교문예연구』 3, 2014, 238쪽.
12) 〈동아일보〉 1935.6.30 ; 〈조선일보〉 1935.7.16 ; 〈동아일보〉 1935.7.18.
13) 「역사이야기-지나의 큰 학자 왕수인 (상)」, 〈조선일보〉 1939.10.1 ; 「역사이야기-지나의 큰 학자 왕수인 (하)」, 〈조선일보〉 1939.10.6 ; 「왕양

명전」,『세계명인전』, 조광사, 1939.
14) 〈동아일보〉 1961.10.12. 薰育50년 삼한의 異說人 이병도박사.
15) 〈조선일보〉 1939.12.21. 호암전집간향 기념회 개최.
16) 이병도-주간조선 http://weekly.chosun.com > news > articleView 2011.7.20.
17) 한국방송사,『한국방송사』, 1971.

13장. 장서가, 판본학자로서 고서를 모으고 연구하다

1) 〈경향신문〉 2015.8.27. 강명관의 심심한 책 읽기, 한국의 장서가들.
2) 〈조선일보〉 1931.2.1. 서가순례 4 해원루가 하.
3) 〈조선일보〉 1938.1.19 초창의 학문 순방기 珍藏 貴籍을 골라가며 樹立 道程에 있는 版本學.
4) 〈조선일보〉 1931.2.1. 서가순례 4 해원루가 하.
5) 〈남조선민보〉 1950.7.26. 史學界의 泰斗 黃義敦先生來馬.
6) 산겸 이겸로,『통문관 비화』, 통문관, 1987, 338쪽.
7) 이병기·정병욱·최승범 편,『가람일기』, 신구문화사, 1976, 412·417쪽.
8) 〈조선일보〉 1938.1.19 초창의 學問(학문) 순방기 珍藏貴籍을 골라가며 樹立道程에 있는 版本學.
9) 〈조선일보〉 1939.2.17.
10) 나카무라 히데타카는『제왕운기』와『동안거사집』을 묶어서 1939년 9

월 1일에 조선고전간행회의 1집으로 발행하였다.

11) 조남호, 1930년대 대종교 계열 학자들의 이승휴와 제왕운기에 대한 연구」,『선도문화』28, 2020, 4쪽 ; 李謙魯,『通文館 册房秘話』, 民祐堂, 1987, 海圓藏書의 위탁판매. 51~57쪽 ; 배현숙,「안동 임연재종가의 『책치부(册置簿)』와『외암비장(畏巖秘藏)』,『한국학논집』78, 2020. 황의돈이 임연재의 장서를 소장하게 된 경위를 소개하고 있다.

12) 〈한겨레신문〉 1992.10.14.

13) 〈조선일보〉 1996.8.9. 신화설 뒤엎는 단군 연구.

14) 〈동아일보〉 1981.6.23. 세종 때 간행된 동양수학 고전 揚輝算法 발견 모범 藏書家 賞 받은 辛永吉씨 소장.

15) 대원군의 천진피랍일기『한국사』-최근세 편-(이선근, 진단학회, 1961)

16) 〈조선일보〉 1960.6.10. 대원군 被拉日記 발굴.

17) 이겸로는 일제강점기와 대한민국의 고서적 전문가로 고서 발굴에 힘쓴 인물이다.

18) 〈동아일보〉 1970.3.11. 김두종 박사가 국립도서관에 필생의 장서 기증.

19) 충남대,『충남대학교 60년사』, 2012, 57쪽.

20) 〈동아일보〉 1964.11.26. '꽃 해원황의돈선생' 김상기(서울대문리대 명예교수).

21) 〈경향신문〉 1969.7.9. 국학 발전에 디딤돌.

22) 〈조선일보〉 1959.11.25. 서지학 강연회, 27일 국립도서관에서.

14장. 오대산에 입산하여 방한암 선사 아래서 선을 수행하다

1) 「황의돈선생 약력」, 『황의돈선생 고희 기념 사학논총』, 동국사학회, 1960, 2쪽.
2) 「3.사미승(沙彌僧)이 된 문열(文悅)」, 『三空先生 自敍傳』; http://cafe.daum.net/das2011
3) 김광식, 『그리운 스승 한암스님』 37쪽 ; 「탄허스님에 대한 원로스님의 증언과 인터뷰(1)」, 『방산굴 법허-탄허 대선사 법어집』, 오대산 월정사, 2003, 444쪽.
4) 「가까이서 뵌 큰스님 설산스님(삼각산 정토사 주지)」 〈현대불교〉 2001.6.20.
5) 『해원문고』 하, 321~313쪽.

15장. 미군정기 문교부 편수사업에 참여하여 국사교육의 틀을 잡다

1) 황의돈은 문교부 편수관, 교과서부 역사편수관을 1945.11.6부터 하였다. 『한국편수사연구』 2.
2) 만성희, 「해방 직후(1945~1948) 황의돈의 국사교육 재건 활동」, 『역사교육연구』 21, 2015, 93쪽.
3) 최현배는 1945년 9월부터 1948년 9월까지, 1951년 1월부터 1954년 1월까지 문교부(지금의 교육부) 편수국장에 두 차례 재직하였다. 처음 편

수국장으로 있으면서 손진태, 이병기, 황의돈, 장지영 편수관 등과 함께 『한글첫걸음』, 『국사첫걸음』 등 2세들에게 가르칠 교과서를 지었다. 〈조선일보〉 1995.2.27. 주간 연재 신명가 7 '우리 말 갈고 닦기 한평생 외솔 최현배'.

4) 1947년부터 미군정에 의한 교수요목이 발표되었고, 그 규정은 1954년까지 적용되었다.

5) 허대영, 『미군정기 교육정책과 오천석의 역할에 관한 연구』, 강원대학교 대학원 박사논문, 2005.

6) 박광희가 1965년 9월 1일 성정여고 교무실에서 당시 편수관이었던 최병칠과 인터뷰한 구술이다. 박광희, 「韓國社會科의 成立過程과 그 課程變遷에 관한 一研究」, 서울대학교 교육대학원 석사 논문, 1965, 50쪽 재인용.

7) 미군정청임명사령제28호. 민성희, 앞의 논문, 116쪽.

8) 민성희, 앞의 논문, 115~116쪽.

9) 〈조선일보〉 1946.10.12. 국사경연회.

10) 〈경향신문〉 1946.10.7.

11) 민성효, 2015, 「해방 직후(1945~1948) 황의돈의 국사교육 재건 활동」, 『역사교육연구』 21, 109~113쪽.

12) 〈서울신문〉 1946.1.22. '1946년 군정청 학무국, 초등용 국사·공민교과서 배부' ; 『자료 대한민국사』 권1.

13) 〈조선일보〉 1946.2.23. 국민학교 아동에 국사를 교수.

14) 〈동아일보〉 1945.12.20. 전국 초중등학교 교원 재교육 ; 〈자유신문〉

1945.12.19. 전국 초중등학교 교원의 재교육 강습회 개최 예정.
15) 〈서울신문〉 1946.1.7. 중등교원 강습회 시작 ; 〈동아일보〉 1946.1.7. 선생님에게 祖國혼 중등교원 강습회 개최.
16) 진명여자중고등학교, 『진명 75년사』, 진명여자중고등학교, 166~167쪽.
17) 〈동아일보〉 1947.7.23. 대조선국민사 편찬코저 황의돈 五臺山에 입산 ; 〈조선일보〉 1947.7.23. 海圜黃義敦氏五臺山에 入山.

16장. 충무공 이순신 영정과 서울시 새 가로명을 제정하다

1) 〈동아일보〉 1977.5.12. 충무공의 영정동상 고증이 잘못됐다.
2) 〈경향신문〉 1970.9.15. 충무공영정 통일에 주관 넣지 말라.
3) 민영환은 1905년 11월 17일 을사늑약이 체결되자 그해 11월 30일 자결하였다. 그 보다 먼저 1904년 제1차 한일의정서를 강제 체결하자 주영 공사관 서리공사였던 이한응은 1905년 5월 12일 영국 런던에서 자결였다. 따라서 이한응은 한말 국권상실과 관련한 순국 1호이다.
4) 〈조선일보〉 1975.1.25. 광복 30년 世情散策 4 청계천 낭만도 고층에 묻히고.
5) 서울의 큰 길에 위인의 이름이 붙은 이유- 세종로, 충무로, 을지로, 충정로, 퇴계로, 원효로의 기원을 찾아서. https://brunch.co.kr/@dh310/23

17장. 이범석의 족청 임원과 김구의 건국실천양성소 강사를 하다

1) 〈동아일보〉 1946.5.30. 청년지도훈련강습 6월 1일부터 연무관서 개최
2) 임종명, 「조선민족청년단(1946.10~1949.1)과 미군정의 '장래 한국의지도세력' 양성정책」, 『한국사연구』 95, 1996, 180쪽.
3) 〈조선일보〉, 〈동아일보〉 1946.10.19. 조선민족청년단의 역원과 團旨 ; 『경향신문』 1987.8.26. 靑年半世紀 청년 운동반세기(42) 朝鮮民族靑年團 [3] 백두진 등 각계 인사 포용 출범.
4) 김철, 「민족청년단」, 『철기 이범석 평전』, 한그루 1992, 126~127쪽.
5) 〈조선일보〉 1946.10.19.
6) 임종명, 「조선민족청년단(1946.10~1949.1)과 미군정의 '장래한국의지도세력' 양성정책」, 『한국사연구』 95, 1996, 187쪽.
7) 〈동아일보〉 1947.3.9. 민주독립전선 상위부서 서결정(署決定).
8) 〈동아일보〉 1946.4.4 ; 『자료대한민국사』 권2, 식량대책시민대회 개최 준비위원 선출.
9) 〈동아일보〉 1947.2.26. 독립투쟁의 人材를 養成 김구선생 뜻받어 來月 十五日 開所 ; 임종명, 「조선민족청년단(1946.10~1949.1)과 미군정의 '장래 한국의 지도세력' 양성정책」, 『한국사연구』 95, 1996, 180쪽.
10) 이홍구, 「해방후 백범 김구의 건국실천양성소 설립과 운영」, 단국대 석사 논문, 2007, 23쪽.
11) 『한국불교사화』(마명 지음, 1981, 영인본), 경서원, 1981.

18장. 부산 범어사 금어선원 하동산 선사를 찾아 선을 수행하다

1) 안계현, 「해원거사 황의돈박사」, 『법륜』 1978.2, 21쪽.
2) 〈마산일보〉 1951.1.11. 황의돈선생 普光寺에 체류.
3) 〈대한불교〉 68, 1964년 11월 29일 석도륜 「이 땅 교계의 별 입적하시다」
4) 〈불교신문〉 1981.7.12 ; 「신행일기-四相三毒을 벗는길」, 『법과 삶의 주변에서』, 일심사, 1992, 85쪽.
5) 『해원문고』 하, 311쪽, 梵魚寺避難中 槿借河東山 林幽香 兩詞 佰唱和韻 "한식날의 동풍이 하늘 가득 부는데/ 붉은 꽃 푸른 버들 잎 내를 수놓았구나. 조촐히 노니는 세속 벗어난 산춘객이여/ 방 가운데 바른 깨달음에 든 신선 / 법궁엔 옛 탑이 남아 있는데/ 법좌에서 마침 숙세의 인연을 듣도다./ 전쟁의 소란은 끝없어 편할 날 없는데/ 타향을 떠도는 이 몸 자연에 맡기네."
6) 대한불교조계종, 『근대선원방함록』 부산 범어사 금어선원 편, 2006.
7) 박재현, 「금어선원을 통해 본 한국선원의 근대성」, 『향도부산』 42, 425~426쪽.
8) 『광덕스님 시봉일기』 4권 위법망구 중, 백운 지흥(白雲 知興) ~ 부산 금정산 미륵사 주지 방함록과 차이가 나는 것은 기억의 오류인듯하다.
9) 「스님이야기 33 백운스님 하」, 『현대인과 선』, 2009.7.11.
10) 광덕스님전집편찬위원회, 『광덕스님전집』 1, 불광출판사, 2009, 177~178쪽.
11) 동산문도회·김광식, 「우리 수좌계의 어른 정영스님」, 『동산대종사와

불교정화운동」, 범어사, 2007, 62~76쪽.
12) 『도원 류승국 교수 추모 문집』 '도원선생을 추억하며'; '구도(求道)와 행도(行道)의 역정'-이동준(성균관대 명예교수).

19장. 애국가 작사자설과 안창호 망명자금설을 논쟁하다

1) 〈서울신문〉 1948.9.7. 문교부, 태극기의 4괘는 역리(易理)에 맞는다고 발표.
2) 〈서울신문〉 1948.9.9. ;『자료대한민국사』 8, 文敎部, 태극기의 4괘는 易理에 맞는다고 발표.
3) 황의돈은 국사편찬위원회 위원(1955.6~1965.3)으로 위촉되었다. 『국편 65년사』 49~50쪽.
4) 조동걸, 『현대사학의 발전과 과제』.
5) 위원은 황의돈 선생 외에 김상기, 최남선, 권상로, 김재원, 유홍렬, 신석호, 이선근, 김호직, 갈홍기, 문봉제, 이상백, 신태익, 홍이섭, 김도태, 이병도, 백낙준, 김법린 등 18명이다. 〈조선일보〉 1955.6.30. 국사편찬위에서 事業計劃 사업계획 토의.
6) 박재순, 「이병도와 국사편찬위원회가 주도한 공식적 논의(1955)의 문제점」, 『문화와 신학』·『기독교사상』 2019년 4월호.
7) 『해원문고』 상, 1961.
8) 〈동아일보〉 1956.3.18.

9) 옥미조,『살아있는 사람의 장례식』거제 순리, 2003, 115~116쪽.
10) 〈동아일보〉 1956.7.1. 안도산 등의 망명자금출처 상.
11) 孫世一 편,『한국논쟁사』전5권, 서울 靑藍文化社, 1976 ; 도산 안창호의 망명자금 10, 필자약력 및 해설 11, 위국항일의사열전 －손병희전－ 황의돈 13, 안도산 등의 망명자금 출처 －황의돈씨 소설에 대한 이설－ 주요한 17, 역사와 위사 －주요한 씨의 이설에 답하는 안창호·이갑 씨 등의 망명자금 출처를 밝힌다－ 황의돈 22.

20. 동국대 사학과에서 한국 역사학을 가르치다

1) 동국대학교,『동대90년』1, 1998, 90쪽.
2) 김창수,『신동아』1970년 2월호 ;『역사와 민족』삼문, 1990.
3) 교육에 관한 임시특례법[시행 1961.9.1.] [법률 제708호, 1961.9.1, 제정] 제15조 (교원의 정년) ①국, 공, 사립의 각급 학교 교원의 정년은 60세로 한다. 단 명예교수는 그러하지 아니하다.
4) 장치영,「남계 조좌호를 추모하면서」,『산운사학』1, 1991, 6쪽.
5) 〈단대학보〉 1955.6.25. 1면,「사학회원 40여 명 경주를 답사」.
6) 조좌호,『해원 황의돈선생님을 추모하면서』,『동국사학』8, 1965.
7) 조영록,「동국사학과 함께 한 대학시절」,『사학과 창립 70주년 기념 기억모음집』73쪽.
8) 최재복,「그 때 그 시절 잊을 수 없는 몇가지 사연」,『동국대학교 국어국

문과 50년』, 1996, 105~107쪽.
9) 임덕규·정천구 외, 『금강경 독송과 마음 바치는 법』, 백성욱연구원 2020.10.1, 63~64쪽.
10) 이희천, 「나를 키워준 모교에 대한 회상」, 『사학과 창립 70주년 기념 기억모음집』 137쪽.
11) 〈조선일보〉 1961.9.15. 정년퇴직 할 교육자 전국에서 495명으로 추산.
12) 안계현, 「해원 황의돈선생이 가시다」, 『동대신문』.
13) 김창수, 『신동아』 1970년 2월호 ; 『역사와 민족』 삼문, 1990, 220~221쪽.
14) 조좌호, 「황의돈추모사」, 『동국사학』 8, 1965.2.3.
15) 『동국사학』 4, 1956, 112쪽.
16) 『동국사학』 5, 1957, 120쪽.
17) 『동국사학』 5, 1957, 120쪽.
18) 『동국사학』 6, 1960, 142쪽.
19) 조좌호, 「해원 황의돈선생님을 추모하면서」, 『동국사학』 8, 1965.
20) 『동국사학』 6, 1960.12.31. 143쪽.

21장. 조계종 불교정화와 전국신도회를 주도하다

1) 〈동아일보〉 같은 해 11월 30일자에 따르면, 신도회 결성식에는 신도 대표 60여 명이 참석하였으며, 문교부 장관을 비롯 문교부 관계자와 종로

서장 등이 외빈으로 참석한 것이 특이하였다. 창립총회 참석 신도들은 지지부진한 정화 사업을 적극 뒷받침할 것을 결의하였다.

2) 박희승,「조계종 중앙신도회 50년 성찰과 전망」,『불교와 사회』, 119쪽.

3) 〈경향신문〉 1958.1.27. 석가성도 기념 강연 ; 〈조선일보〉 1958.1.29. 석가성도기념회 시공관서 성대 거행.

4) 〈조선일보〉 1958.2.22. 1958년 2월 23일부터 4일간 제16회 불교사상강연회 ; 〈경향신문〉 1958.2.21. 大覺會 주관 제16회 불교사상강연회.

5) 〈동아일보〉 1962.12.1. 문화재 보호 등 결의 曹溪宗會 조계종신도대회. 〈경향신문〉 1962.12.3. 불교조계종 임원을 改選. 대한불교조계종 전국신도회는 지난 3일 전국대의원대회를 열고 신도회회장에 황의돈, 부회장에 이종익·하재명·宋明德華·현봉애, 감찰위장에 白亮光을 뽑았다. 이렇듯 도회의 창립일과 관련하여 6월 1일설과 창립총회일인 11월 29일설 두 가지가 있다고 한다.

6) 김광식,「전국신도회의 조계종 혁신재건위원회' 연구」,『불교평론』 2022.12.

7) 〈대한불교〉 1963.8.1. 〈동아일보〉 1963.10.18. 알림. 대한불교조계종 총무원장 金法龍·전국신도회장 황의돈 취임식 20일 상오 11시 조계사 대법당에서.

8) 이학종, 〈법보신문〉, 해방 50년 불교 50년 신도운동사 7 ; 박희승,「조계종 중앙신도회 50년 성찰과 전망」,『불교와 사회』, 대한불교조계종 포교원 포교연구실, 124쪽.

9) 1963년 4월 30일에는 불교문화예술원이 발족되었다. '불교문화예술을 되

살려 민족문화 재창조에 기여하자'는 목적으로 탄생하였다. 민족문화의 중흥을 불교문화의 재발견으로 이룩해보자는 뜻에서 연구와 문헌의 출판·기관지의 발간·연구발표회·강좌·강연회·예술제 등을 벌일 계획이었다. 사무실은 조계사 내에 설치했는데, 이 단체에 참여한 주요 인물은 부이사장에(이사장은 미정) 서정주·이종익·조지훈, 사무장 민병하, 고문 이효봉·이청담·김법룡·황의돈·김범부·오상순, 이사 이은상·유엽·복혜숙·성경임·김달진·박금필·고은·민병하·강선영·김척용·정민·송원·이해랑·정운문·김소희 등이었다. 그러나 이 단체는 안타깝게도 기대만큼 활약은 하지 못한 채 흐지부지 되었다.

22장. 해원거사, 1만 8천여 시간 참선 생활하다

1) 김창수, 「계몽사학을 개척한 황의돈」, 『역사와 인간상』, 동방도서, 1992, 328~329쪽.
2) 〈동아일보〉 1947.7.23. 대조선국민사 편찬코저 황의돈 五臺山에 입산 ; 〈조선일보〉 1947.07.23. 海園黃義敦氏五臺山에 入山.
3) 황의돈이 金海郡 上東面 余次里 白雲庵에서 머물면서 안계현에게 편지를 보낸 바 있다. 동대신문(http://www.dgupress.com).
4) 〈조선일보〉 1984.11.24. 꾸준히 독립사상을 고취 ; 〈조선일보〉 1965.1.9. 모임, 고 해원황의돈선생 49재 10일 하오 3시 조계사.
5) 대구 석종섭 대령(石鍾燮, 大悟거사)가 수원 팔달사에 머물렀던 황의돈

과 서신을 교류하였다.

6) 안계현,「해원거사 황의돈박사」,『법륜』, 1978.2, 21쪽.
7) 〈경향신문〉 1992.8.14. 나의 산하, 나의 삶(96).
8) 1964년 6월 白雲庵 禪室에서 마명 정우홍(鄭宇洪, 1897~1949)의 『한국불교사화』(통문관, 1965)의 서문을 썻다. 한국불교사화(마명 지음, 1981년, 영인본), 경서원, 1981.
9) 한정섭,「황의돈」,『내가 만난 선지식』, 통신교육원, 2022, 108~110쪽.
10) 안계현,「해원 황의돈선생이 가시다」, 〈동대신문〉.
11) 김창수,『신동아』1970년 2월호 ;『역사와 민족』, 220~221쪽.
12) 조좌호,「해원 황의돈선생님을 추모하면서」,『동국사학』8, 1965.
13) 〈경향신문〉 1957.8.30. 이종각(李鍾角)의 수필 망월사.
14) 황석연,「망월사의 추억」, 〈대한불교〉, 1980.5.11 ;『법과 삶의 주변에서』, 一心舍, 1992, 73쪽.
15) 〈불교신문〉 1981.7.12 ;「신행일기-四相三毒을 벗는길-2, 망월사의 생활」;『법과 삶의 주변에서』, 일심사, 1992, 86쪽.
16) 김광식,「2부 내가 만난, 춘성-노변호사의 사미인곡, 황석연 변호사」,『춘성』, 중도, 2009.
17) 김광식,「2부 내가 만난, 춘성-노변호사의 사미인곡, 황석연 변호사」,『춘성』, 중도, 2009, 234~235쪽.
18) 김광식,『우리시대의 큰 스님』, 인북스, 2015, 80쪽.
19) 2017.9.18.-713-1:5(전강 선사: 약 20분).mp3
20)『법보신문』2012.2.28.

21) 대도무문: 포운(泡雲) 호를 원명(元明) 선사에게 주며-효봉스님 (happycol.blogspot.com).
22) 대도무문: 호를 원명(元明) 선사에게 주며-효봉스님(happycol.blogspot.com)

23장. 역사학계의 큰 별 해원 황의돈 선생 가시다

1) 안계현, 「해원 황의돈선생이 가시다」, 〈동대신문〉.
2) 〈조선일보〉 1984.11.24. 꾸준히 獨立思想을 고취 ; 〈조선일보〉 1965.1.9. 모임, 고 해원황의돈선생 49재 10일 하오 3시 조계사.
3) 〈조선일보〉 1984.11.24. 꾸준히 獨立思想을 고취 ; 〈조선일보〉 1965.1.9. 모임, 고 해원황의돈선생 49재 10일 하오 3시 조계사.
4) 〈동아일보〉 1964.11.26.
5) 『海圓文稿』 序.
6) 김창수 「세속에 초연했던 해원 선생」, 『신동아』, 1970년 2월호 ; 『역사와 민족』, 218쪽.
7) 『고문진보후집(古文眞寶 後集)』 34 (卷3), "業精于勤, 荒于嬉, 行成于思, 毁于隨"
8) 김창수, 『역사와 민족』, 삼문, 1990, 215쪽.

24장. 역사와 선을 접목한 사학자, 해원거사 황의돈

1) 김창수,「세속에 초연했던 해원선생」,『신동아』1920년 2월호 ;『역사와 민족』, 삼문, 1990, 214~215쪽.
2) 〈경향신문〉1975.10.10. 고전문학 종래 문헌학 범주 탈피 본질적 연구의 문턱에 제대에 새 방향 기대(정병욱·서울대 교수).
3) 김창수,「계몽사학을 개척한 황의돈」,『역사와 인간상』, 동방도서, 1992, 328~329쪽.
4) 〈동아일보〉1929.4.2.
5) 최치원,「보령 성주사지 낭혜화상탑비」,『고운집』권2, 비(碑).
6) 안계현,「해원거사 황의돈박사」,『법륜』, 1978.2, 21쪽.
7) 황의돈,「無限의 生命觀과 佛敎思想」,『현대불교』1, 1959.
8) 홍승진,「이원론적 문명을 넘는 생명사상의 공명」,『비교문학』84, 2021, 68~69쪽.
9) 홍승진,「이원론적 문명을 넘는 생명사상의 공명」,『비교문학』84, 2021, 72쪽.
10) 1956.2.23. 불교사상강연회(대각회 주최, 의사회관) ; 황의돈,「無限의 生命觀과 佛敎思想」,『現代佛敎』1, 1959.
11)『백성욱송수기념 불교학논문집』, 1959 ;『해원문고』상, 1961.

닫는 말

1) 〈한겨레신문〉 '이달의 스승' 12명 중 8명이 '친일 의혹' ; https://www.hani.co.kr
2) 남창룡,「7. 일제 만주국 조선인 인명사전」;『만주제국 조선인 -일제 동북 침략사-』, 신세림, 2000.
3) 류연산,『반도사화와 낙토만주』통해 확인한 친일행각 -연변작가 류연산의 일제시대 인물 발굴.
4) 〈한국일보〉, 所在 哭 海圓黃義敦先生.
5) 〈연변일보〉,「연보통보」'우리 력사 바로 알고 삽시다' 10.명동과 명동학교(5) ; http://yanbianews.com/bbs
6) 〈총독부관보〉 제3913호, 林野調査委員會公文.
7) 다만 황의돈이 1939년 11월 조선유도연합회 간부 명단(『經學院雜誌』 45, 35쪽)에 들어간 것은 의례적인 것에 불과하지 않았을까 한다. 향후 정밀한 참구가 필요하다.
8) 조동걸,『현대 한국사학사』, 나남출판, 1998, 238쪽.
9) 김창수,「계몽사학을 개척한 황의돈」,『역사와 인간상』, 동방도서, 1992, 328~329쪽.

에필로그

 필자는 청백리 명재상인 황희의 후손으로, 맹사성의 후손인 할머니께서 두 정승의 이야기를 가끔 해 주셨다. 그러던 중 아버지를 따라 고양시 지축동 호안공 황치신의 선영에 시향을 간 적이 있다. 호안공 할아버지의 묘소 옆에는 그의 제자 김상기 선생이 쓴 해원 선생의 비가 있었다. 서예 미술가 배길기 동국대 교수가 집안 어른이라는 인연으로 족친 해원 선생이 동국대에 재임하신 사학자라는 사실을 알고 있던 터였다. 그 후 동국대 역사교육과에 진학하고 동 대학원에서 역사와 불교를 전공하게 되었다. 이미 하정 안계현 교수가 효성 조명기 교수의 불교사학을, 학과의 하석 김창수 교수 등이 그의 사학을 계승했다. 불교연기사관으로 불교역사교육을 정립시켜야 한다는 대명제와 부합되는 일이기도 하다.

필자는 그들의 제자로서 해원선생의 생평 일대기를 정리해야겠다는 원력을 세우게 되었다. 그와 관련된 자료를 모으기 시작했다. 해원의 손자인 황인성 어른과 황인준 씨의 전폭적인 도움을 받았으며, 근현대 불교의 권위자인 김광식 교수의 교시도 있었다. 그러던 중 필자에게 갑자기 찾아온 병마와 싸우는 등 우여곡절 끝에 작업을 끝냈다. 원고 교정을 봐 준 아내 조난숙과 동북아역사재단 조건선생에게 고마움을 표한다.

해원 선생은 근대 역사학의 개척자로서 일제에 저항했던 문화사학자였다. 또 한편으로는 보성고보와 동국대학 등에서 재직한 역사교육자로서 불교계를 주도하면서 1만 8천여 시간 선을 수행하며 역사와 선을 접목시켰다. 이러한 해원 선생의 업적과 활동, 위상을 제대로 드러내기 위하여 나름대로 노력하였다. 혹 단견이나 억측으로 해원 선생의 위상에 흠이 가지는 않았는지 두렵기만 하다. 향후 미진한 사항은 보충하고 정제할 것이다. 유정·무정, 삼천대천 우주 세계에 감사를 드린다. 해원 선생처럼 무한의 생명관을 실현하겠다. 나무 아미타불, 나무 아미타불, 나무 아미타불!!!

저자 · 황인규

저자 황인규는 동국대에서 역사교육과와 대학원 사학과에서 역사교육과 불교문화를 공부하여 문학박사 학위를 취득했다. 현재 동국대 역사교육과 교수로 재직하고 있으며, 한국 중세사와 불교역사교육 및 문화사상사에 관심을 갖고 연구하고 있다.

학술 저서로는 『무학대사연구여말선초 불교계의 혁신과 대응』(혜안, 1999), 『고려·후기·조선초 불교사연구』(혜안, 2003), 『고려말·조선전기 불교계와 고승연구』(혜안, 2005), 『고려시대 불교계와 불교문화』(국학자료원, 2011), 『조선시대 불교계 고승과 비구니』(혜안, 2011) 등이 있다.

교양서 『마지막 왕사 무학대사』(밀알, 2000)·『다시 보는 한국의 고승』(민창, 2005)과 공저서 『조계종사―고중세 편』(조계종, 2004)·『천태종사』(천태종, 2010), 『정암사의 역사와 자장율사』(정선군·정암사, 2021) 등이 있다.

'이 사람을 보라' 간행위원회

고문 — 돈관
간행위원장 — 윤재웅·문선배

간행위원 —
이영경·채석래·성상현·공영대·정영식
임선기·최대식·윤재민·윤미정
문상준·박재영
김종윤·김계철
김정은·김창현·박기련·신관호·신홍래
유권준·이계홍·이용범·지정학·하홍열

역사와 선을 접목한 사학자
황의돈

2023년 8월 11일 초판 1쇄 인쇄
2023년 8월 18일 초판 1쇄 발행

글쓴이 — 황인규
발행인 — 박기련
발행처 — 학교법인 동국대학교 출판문화원

출판등록 — 제2020-000110호(2020.7.9)
주소 — 04626 서울시 중구 퇴계로36길2 신관1층 105호
전화 — 02-2264-4714
팩스 — 02-2268-7851

Homepage — http://dgpress.dongguk.edu
E-mail — abook@jeongjincorp.com

디자인 — 씨디자인
인쇄 — 신도인쇄

ISBN 979-11-91670-52-3 03810
값 12,000원

이 책의 무단 전재나 복제 행위는
저작권법 제98조에 따라 처벌받게 됩니다.